JN096908

職場がうまくいかないときの心理学 100

チームリーダーにおくるマネジメント・ガイド

芦高勇気・安藤史江・伊東昌子・渡辺めぐみ 著

有斐閣

はじめに

本書の目論見

　職場での困りごとや悩みごとを解決するための信用ある250以上の文献のエッセンスをこの1冊に凝縮しました。ぜひ，巻末の引用文献リストを見てください。これだけの文献を読む時間を短縮できます。

　さらに，これだけの文献を職場で活用しやすく図表入りで解説したのは，さまざまな視点で職場に関わってきた研究者の執筆メンバーです。大学研究員から企業に移った者（芦高），企業から大学教員となった者（伊東），職場の悩みを聞いてきたカウンセラー（渡辺），企業外部である大学で企業組織を研究する者（安藤）といった，4人の視点で本書をまとめ，多くの方々に心理学の力を活用していただきやすくしました。

あなた仕様にカスタマイズもできます

　「あなたの職場に対する問題意識」と「本書の100項目」との関係をxページに示すワークシートに当てはめて，あなた仕様にカスタマイズしてみましょう。ワークシート内の括弧にあなたの職場に対する問題意識や該当する項目番号などをメモすると，俯瞰的にあなたの頭のなかの状態を捉えることができるようになるでしょう。

注意点

　本書は「解決本」ではありません。解決に必要な視点を学ぶきっかけとなる本です。そのため，本書で見つけたキーワードを頼りに調べるなどして，問題に向きあった解決への努力が必要です。

　こんなことを書くと売れなくなってしまいそうですが，あえて書くのは，あなたが職場をよりよくする動機を高め，知識を得て，実践することを実現してほしいと，著者一同，切に考えているからです。まずは，viiiページからの本書の活用イメージ（ペルソナ）を参考に，あなたもトライしてみませんか。

　2023年11月

　　　　　　　　　　　　　　　　　　著者を代表して　芦 高 勇 気

目　次

ワークマネジメント②
的確な判断のための心得

コミュニケーション
意図や思いを受け取ってもらうために ……………… 121

メンタルヘルスケア
あなたとわたしの心の健康のために ………………… 141

Ⅷ モチベーション
働きがいのある職場づくり

Ⅸ ダイバーシティ
多様性を生かす職場づくり 193

ペルソナ──本書の活用イメージ（ある問題を抱えていた人が，本書を参考に改善できた事例）

卸売業，商品企画部課長（36歳男性）

これまでは……　新しいプロジェクトが立ち上がり，優秀な若手メンバーが集められた。しかし，チームでの役割分担がよくないのか，やり方に対するぶつかりあいが多かったり，裏付けなく進めたりして，手戻りが多く，生産的に進んでいない。彼ら1人ひとりは意欲的に取り組んでいるのだが，かなりタイプが違うようだ。彼らの個性を生かして，生産的にプロジェクトを進めるアイディアを探していた。

参考にした項目：004

本書を参考にしたところ……　まずはメンバーがどのタイプかを日常の行動から見当をつけ，プロモーター型のメンバーには，アイディア出しと対外的交渉を担当させた。サポーター型のメンバーには，進行記録と資料の確認と整理を担当させた。分析者型のメンバーには，アイディアの推進に関係するデータとリスクの調査分析を任せた。統率者型のメンバーには，進捗の管理とこまめな報告を担当させた。また，週1回の報告・相談会を設け，メンバーの話をじっくり聞く時間をとった。ぶつかりあいが徐々に補完的になり，手戻りも少なくなり，プロジェクトはうまく進むようになった。

大企業，技術系管理職（56歳男性）

これまでは……　役職定年を控えており，グループ会社への出向が内定している。現在は部下を抱えているが，出向先では部下なしの職になる見込みであるためやる気が湧いてこない。また，これまで技術一筋であり，顔の知れた連中と仕事をしてきたため，新しい環境へ適応できるか不安である。技術の話以外で若いやつらと何を話したらいいのやら。

参考にした項目：096, 098

本書を参考にしたところ……　まずは，自身の状況について見つめ直した結果，部下のいない年齢の高い管理職は満足度が低い傾向があり，自身が「働かないおじさん」になる条件がそろっていることに危機感を得た。自身の満足度の低下を不安に思うのではなく，誰にでも起こりうることとして捉え直し，どのように対処すればよいか前向きに考えられるようになった。新しい環境で新しいことを学ぶ必要があるのなら，若い社員から積極的に学ぶことによって，世代間のコミュニケーションを円滑にするとともに，自身の技術力を別の視点で捉え直す良いきっかけではないかと前向きに捉えられるようになった。

IT業，新規事業推進部（43歳女性）

これまでは……　これまでの着実な仕事ぶりやその成果が認められたのだろう，上司から管理職へのキャリアアップを打診された。しかし，この会社での女性管理職はまだわずかで，育児と両立している人は見かけない。また，これまで職場の和を重視してきたが，管理職ともなれば，ときに厳しい評価を部下に伝える必要も生じるだろう。上司が女性ということでの密かな反発もあるかもしれない。そのようななかで，どうすれば期待された役割をこなせるのか，不安が募る。

参考にした項目：041, 062, 097, 098

本書を参考にしたところ……　まずは，ロールモデルの対象を1人に限定せず，お手本として模倣したい人々それぞれから学ぶという方針に切り替えた。そのうえで，さまざまなバックグラウンドや価値観をもつ部下たちが協力しあえるように，互いに関わりながら業務をこなせる職場デザインを考えられると同時に，互いの信頼関係の醸成にも務めることにした。

　信頼関係の醸成には時間がかかるため，まだ明確な成果は得られていないが，恐れていたような反発もなく，順調に進んでいる。そのうち，厳しい評価や要求を伝えなければならない時期も来るが，十分な信頼関係ができた後であれば，前向きに受け止めてくれると期待している。

総合病院勤務医，内科科長（42歳女性）

これまでは……　部下の医師Aさん（30代男性）が，診療の慢性的忙しさ，家庭の問題からくる睡眠不足で苦しんでいる。そのうえに，担当の患者から，薬の使い方に関する説明不足に対する苦情が入った。Aさんと面談をすると，「ご迷惑をかけてばかりですいません」と自分を責めてばかりいる。診察時の判断にも支障が生じている様子なので，まとまった日数の休暇が必要と思われた。しかし，患者数の増加と感染症で休んでいる医師がいるため，自分も手一杯で，いますぐ休めとは言えない。

参考にした項目：066, 068, 069, 074

本書を参考にしたところ……　Aさんがこのまま現状の勤務を続けると，診察の効率は悪化し，新たなミスを犯しかねない。そこでAさんの承諾のもと，産業医との面談をセッティングし，産業医の助言でAさんの休息時間を増やすための環境を段階的に整えることとした。当面，3カ月間は残業を禁止し，勤務間インターバルをあけることと，週末の宿直からはずす，などの対応をとった。その間に，人事管理部門の院長とも相談をしつつ，半年〜1年間，非常勤医師を増やす方策を練った。さらに「女性上司の私よりも弱音や本音が出しやすいかもしれない」と考え，同性の産業カウンセラーとAさんの面談を設定した。ネガティブ思考の癖をカウンセラーとともに客観視することができた様子で，「仕事のストレスと，家庭問題を混同していたことに気がつきました」とAさんから報告があった。3カ月後，非常勤医師が赴任したのを機に，Aさんの希望に従って，3カ月間は休職して体調を整えることになった。休職期間を終えたら，徐々に職場に復帰してもらいたいと思っている。

この本をあなた仕様にカスタマイズするためのワークシート

3つまで問題意識を記載できます。足りないときは，表を書き写したりして活用してください。

あなたの職場に対する問題意識	
1. [	]
2. [	]
3. [	]

		問題意識に関係する項目	問題意識に関係しない項目
本書での取り扱い	あり	本書では心理学の知見を職場で活用することを意識して執筆しています。ぜひ，あなたの職場で本書を活用してみてください。 **当てはまる項目番号** 1. [　　　　　　　　] 2. [　　　　　　　　] 3. [　　　　　　　　]	あなたにとっての発見であり，将来に出くわすかもしれない問題かもしれません。これを知ることで，未然防止に役立てることを期待しています。 **気になった項目番号** ★★★ [　　　　　　　] ★★　 [　　　　　　　] ★　　 [　　　　　　　]
	なし	実際の困りごとはさまざまな原因から生じていることがほとんどです。そのため，その困りごとを解決するにはいくつかの視点やアプローチが必要です。本書でその視点やアプローチを網羅することはできませんが，それに役立つ内容が含まれていると信じています。 **参考となる項目番号** 1. [　　　　　　] 2. [　　　　　　] 3. [　　　　　　]	誰も気づいていない未知の領域，または本書で書かれていない部分です。 **職場での気づきや** **別の書籍情報などを記録** [　　　　　　　　　] [　　　　　　　　　] [　　　　　　　　　] [　　　　　　　　　] [　　　　　　　　　] [　　　　　　　　　]

本書のさらなる活用のための情報を提供していきます。
ぜひご覧ください。

https://www.yuhikaku.co.jp/books/detail/9784641174894

I

リーダーシップ

チームを率いるってどういうこと？

001 チームリーダーの役目や 仕事って何があるの？

　チームを任されリーダーになったとき，自分がすべてを決定し，各メンバーには作業の割り当てをし，メンバーの作業の進捗管理に重点を置くやり方をしていませんか。それだけではチームを十分に生かしているとはいえません。チームに備わっているべき4つの要素は下記の通りです[001-1]。

- 達成すべき明確な目標の共有──明確な目標とその価値を皆が理解・共有して判断や作業ができる。
- メンバー間の協力と相互依存──互いの進捗や状況をコミュニケーションをとって確認し，協力しあって作業を進める工夫がされている。
- 各メンバーが果たすべき役割の割り振り──各人の能力や特性に適した役割を与え，その関係性を皆で共有する。
- チームの構成員とそれ以外の境界が明確──メンバー同士が互いに明確に認識できている必要がある。

▶ **重要なのは協働の構築と修復**　4つの要素をチームで共有したうえで，日々の実践では，図に示した行動が求められます。大きくは**チーム・パフォーマンスの統制管理**と**円滑な対人関係の維持**です。

　チーム・パフォーマンスの統制管理には，目標とスジュールを明確にする業務完遂計画やそのための準備と協働を円滑に進めるためのルールづくりや情報交換，スケジュールや成果の査定，チーム内の調整と指導，さらにチーム活動における慣れに刺激を与えるための革新への働きかけがあります。

　チーム内の対人関係としては，図にあるように精神的サポートと葛藤の解決や処理があります。

　協働プロセスの構築と修復がリーダーの重要な役目です。

図　チームワーク行動の体系[001-2]

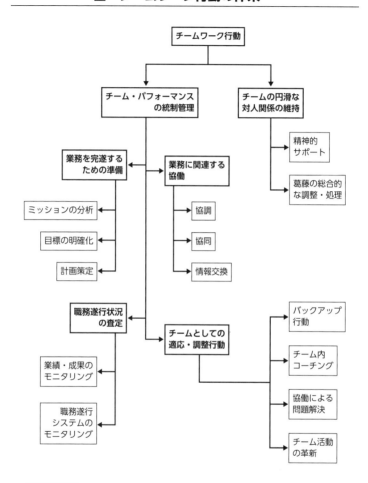

精神的サポート：具体的には**社会的支援**が必要。たとえば，「どう？」「頑張ってるね」等の**感情的支援**，「参考になる本はこれ」「あの人が経験者だよ」等の**情報的支援**，直接教える**教示的支援**，仕事のやり方に対して評価を与える**評価的支援**の４種類があります[001-3]。

リーダーシップとマネジメントは具体的にどう違うの？

リーダーシップを発揮しろといわれる一方で，うまいマネジメントが重要と聞くことはありませんか。

コッターによれば，**リーダーシップの役割**は，目指すべきビジョンを示し，皆がその方向へ進むように動機づけ，戦略を示し，価値づけを行い，成功の形を示すことです。変革を起こし，変革の方向性を決める役割がリーダーシップです[002-1]。

一方，**マネジメントの役割**は，複雑な状況にうまく対処することです。組織が立案した計画の達成に必要な組織構造と業務を創設し，適切な人材を配置し，彼や彼女に計画の内容を伝え，実行の責任を負わせ，実行状況をモニターする仕組みをつくり運営する役割を担います。実行上の問題が起こらないように種々のリスクを想定し，問題が生じた場合は，その影響を判断して正しく物事を行うことが求められます（表）。

現代のように変化が急激で激しい時代には，リーダーシップの育成が声高に叫ばれがちですが，計画を推進し，複雑さに対応し，人を育て，組織の成果を紡ぎ出すマネジメント力の育成が極めて重要といえます。

マネジメントの質が高いと，業務に不可欠な**チームワークの質**もよくなり，チームの状態がレベル1からレベル3へと進みます（**チームワークの3つのレベル**；図）。

- レベル1——メンバーが適切な報告・連絡・相談を行い円滑に職務を推進する状態。
- レベル2——メンバーが役割を相互に補いあい，柔軟で建設的に行動できる状態。
- レベル3——知的な刺激や交流が活発で，創造的試みが触発され，独創的な成果が達成される状態。

表　リーダーシップとマネジメントの比較[002-2]

カテゴリー	リーダーシップ	マネジメント
思考プロセス	人々に焦点をあてる	事物に焦点をあてる
	外部を見る	内部を見る
目標設定	ビジョンを描いて示す	計画を立案し実行する
	未来を創造する	現状を改善する
	森を見る	木々を見る
従業員との関係	鼓舞する	統制する
	同僚・同志	部下・配下
	信頼と発達	指示監督と協調
実施する職務	正しいことをする	正しく物事を行う
	変化を創り出す	変化に対処する
	部下らのために力を尽くす	上司らのために力を尽くす
	影響力を行使する	権威を使う
ガバナンス	コンフリクトを利用する	コンフリクトを避ける
	決定的に行為する	応答的に行為する

図　チームワークの3つのレベル[002-3]

レベル3　創発的なコラボレーション
知的に刺激しあい，創造的試みが触発され，情報や技術が練り上げられ，独創的な成果が達成される。

⬆

レベル2　役割を越えて補いあい，建設的な行動がみられる
良い意味での役割外行動が認められ，柔軟で建設的な行動が発揮される。

⬆

レベル1　メンバーの円滑な連携，協力関係
報告・連絡・相談が適切に行われ，円滑な人間関係が築かれ，的確な情報共有ができている。

チームの発達段階に応じた効果的なリーダーシップのあり方は？

　チームには，立ち上げの段階，協働が回り出す段階，各メンバーが自律的に活動して成果をあげる段階といった発達過程があります。チームの発達過程に応じて必要とされる指導の仕方は変化します。この問題に関しては，**ライフ・サイクル理論**があります（図1）。

　ここでは，チームワークの発達過程に関し，職務に必要な知識・技能の成熟度の軸と，協力や協働への意欲の軸を用いて，4つの段階に分けます。

- 第一段階——チームが形成されて間もなく，メンバーは職務に慣れておらず，さらに各自が自身の役割を探索する段階です。このため，協力しあうことがぎこちない状態です。この段階では，メンバーに各自の役割と果たすべき職責を明確に伝えて指示する**教示的指導**が有効です。

- 第二段階——メンバー同士が協働できるようになる段階です。ただし職務に必要な知識や技能については発展途上です。この時期は，メンバーに求められる技能や役割の果たし方を丁寧に説明して納得を得る**説得的指導**が有効です。

- 第三段階——チーム活動に対する意欲や技能が高まり，役割と技能の相乗効果が発揮されて成果が出る成熟した段階です。この段階は，各自の自主性や自律性を尊重した**参加型の指導**が効果的です。

- 第四段階——職務に必要な技能や知識は十分ですが，協働のための意欲が衰退する時期です。この時期は，各メンバーが主体的にチーム活動をリードできるように権限を譲って，メンバーの行動を見守る**委譲的な指導**が有効です。さらにこの段階では，チームの再活性化のために，革新的挑戦が求められる新規の仕事を与える必要性も指摘されています。硬直化を防ぎ，学びが活性化する機会を与えましょう。

図1 リーダーシップのライフ・サイクル理論[003-1]

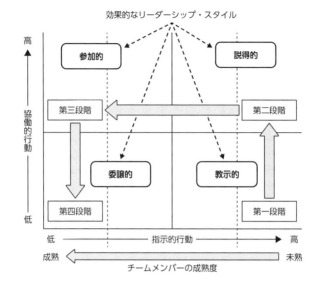

図2 集団発達のモデル図[003-2]

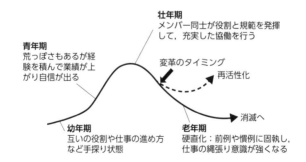

004

チームメンバーの個性が バラバラ……適切な指導法は？

　人の個性は多様ですから，各メンバーをよく観察して特徴を理解したうえで，適切な指導方法を実施できればいいですが，現実は仕事上のやり取りに限られるので，特徴の把握が困難な場合もあります。

　また，個性といっても，大きく分けて，3つの側面がありますから，どの側面の理解が有効かという問題もあります。

- 能力的側面——知識，技能，専門性
- 性格的側面——気質，性格，情緒，意欲
- 態度的側面——興味，価値観，判断傾向

　近年，職場で有用だとして注目される個性に**スタイル**があります。スタイルとは，特定の文脈における思考特性，判断傾向，他者への対応などの行動傾向に関わる個人特性です。

　メリルとレイドの**ソーシャルスタイル**は定評があります（図）。個人特性に関し，自己主張が強い弱いの軸と，感情表出が強い弱いの軸を設け，4つのスタイルを区別しました。

- **直感型のプロモーター**
- **行動推進型の統率者**
- **穏和・協調派のサポーター**
- **理論派の分析者**

　図に各スタイルの特徴を示しました。各スタイルの人がバランスよく入っていると，チーム活動がスムーズにいく傾向があります。特定スタイルの人ばかりで構成されたチームは，和気あいあい過ぎて進まなかったり，逆に主張がぶつかりあってチームが分断される傾向があります。統率者型とプロモーター型の発言が多すぎると，他のメンバーは意見を言わなくなり，チェックシステムが働きにくくなる危険性があります。各スタイルの人に接するときの手がかりを図の下にまとめました。

図　ソーシャルスタイル[004-1]

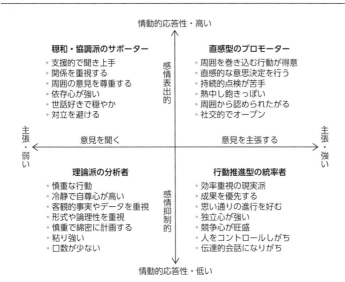

情動的応答性・高い

穏和・協調派のサポーター
- 支援的で聞き上手
- 関係を重視する
- 周囲の意見を尊重する
- 依存心が強い
- 世話好きで穏やか
- 対立を避ける

感情表出的

直感型のプロモーター
- 周囲を巻き込む行動が得意
- 直感的な意思決定を行う
- 持続的点検が苦手
- 熱中し飽きっぽい
- 周囲から認められたがる
- 社交的でオープン

主張・弱い　　意見を聞く　　意見を主張する　　主張・強い

理論派の分析者
- 慎重な行動
- 冷静で自尊心が高い
- 客観的事実やデータを重視
- 形式や論理性を重視
- 慎重で綿密に計画する
- 粘り強い
- 口数が少ない

感情抑制的

行動推進型の統率者
- 効率重視の現実派
- 成果を優先する
- 思い通りの進行を好む
- 独立心が強い
- 競争心が旺盛
- 人をコントロールしがち
- 伝達的会話になりがち

情動的応答性・低い

各スタイルの人に質問をするときの接し方[004-2]

- 直感型のプロモーター――「思うことを話してよ」のように自由に話す雰囲気を与え，興味をもって聞く。
- 行動推進型の統率者――質問する理由や目的を伝えたうえで聞かせてほしいとお願いする。
- 協調派のサポーター――「よくやっているね」などの承認を与えながら，自分の言葉で話すように促す。
- 理論派の分析者――焦点を絞って質問し，考える時間を与えながらじっくり聞く。

注意点：口数が少ない人の意見を引き出し尊重する

直感的なプロモーター型の人が発想やアイディアを主張し，効率的な実践を重視する統率型の人が推進するチームでは，口数の少ない理論派分析者の意見が出にくく，アイディアの裏付けやリスク分析がおろそかになりがちです。分析型の人の意見を引き出すために，議論を急がせず，皆が発言できるような場を作りましょう。

005

急なトラブルに弱い
部下や職場をなんとかしたい

　十分な情報収集のもと綿密に計画をたて，それを着実に実行することは，組織運営において非常に大切なことです。ただし，日頃はうまく回っている職場でも，計画外の突発的な出来事や，予想もしない環境変化が起こったとき，たちまち総崩れになることは少なくありません。

　かつて，そうした状況は組織における**計画の失敗**として，あってはならないことと考えられていました。しかし，2000年前後からその考え方は変化しています。計画外の事態の発生は決して例外的ではなく，むしろ頻繁に起こる所与として捉えるべきで，その状況下でもいかに柔軟に対処するかを目指すことが重要視されるようになったのです。

　事前に予想もしなかった急場に対して，組織が高い創造性と即時性を同時に実現しながら対応することを，**組織的即興**と呼びます[005-1]。

　また，組織における計画と即興の関係を，縦軸を不確実性の高低，横軸を時間的制約の高低とした2軸4セルで表すと，4つのシナリオがあるとされています（図）。たとえば，環境の不確実性が低く，時間的な制約が低い場合は左上に位置するように本格的な計画が機能しますが，不確実性が高く時間的制約も厳しい場合には，本格的即興（組織的即興）が必要になるのです。なお，**うわべ的な即興**は微細な調整で突発的な出来事を乗り切ること，**発見型の即興**とは実験などを通じて情報収集しつつ乗り切ることを指しています。

　では，組織的即興の成功には，何が必要なのでしょうか。そのヒントはジャズの即興から得られると，経営学者たちは考えています。たとえば，ジャズの即興にみられる少なくとも7つの特性は，どれも組織運営に応用できると論じる研究もあります（表）。これらの特性からは，必要に応じてメンバー間で柔軟に役割交代や情報交換をしながら，自らを高め続ける姿が見出せます。

図　組織的即興に関するシナリオ[005-2]

	低	
	計画	うわべ的な即興
不確実性		
高	発見型の即興	本格的即興（組織的即興）

低　　　　　　高

時間的制約

表　ジャズの即興にみる7つの特性[005-3]

	ジャズの即興の特徴
1	習慣的なパターンに依存しないよう，常に新しいものに挑戦している
2	失敗や誤りを学習の源泉としている
3	最小限の構造を共有して，最大の柔軟性を引き出している
4	ダイナミックなシンクロを実現すべく，プレイヤー間で絶え間ない対話や情報交換を行っている
5	事前の十分な計画ではなく，推測や予想のような回顧的な意味づけを通じて，首尾一貫性を実現している
6	実践コミュニティに参加して，非公式にも学習機会を得ている
7	ソロと他者支援を交互に行い，リーダーシップは交代制である

日頃の過ごし方が大事

計画外の出来事や予想外の環境変化が起これば，誰しも慌ててしまいます。しかし，その状態から組織を立て直すための組織的即興を起こせるかは，日頃の過ごし方にかかっています。上記の7つの特性のように，現状に甘んじず常に挑戦し，失敗から積極的に学ぼうとする組織，1人ひとりの能力を高めながら協働する組織は強いのです。

006 | 部下が現状に安住しきっているがどうしたらよいか？

　ビジネス環境が刻々と変わるなか，組織やそこで働く人々もその変化に的確に対応していかないと，組織の存続は難しくなってしまいます。組織イノベーションの研究者ファン・デ・フェンは，組織がそうした変化に気づかずにいつしか深刻な危機に直面してしまうことを，ベイトソンの逸話をもとにして，**ゆでガエル現象**と呼び，組織に警鐘を鳴らしました（図1）。

　熱湯に入れたらすぐに飛び出すカエルも，浸かっている水を徐々に温めると，変化に気づくのが遅れ，結果的にゆで死んでしまうとされますが，組織をそのカエルにたとえたのです。

　もし，実際にはかなり深刻な環境変化が進行中であるにもかかわらず，現状に安住するあまり，現実に対して部下がすっかり鈍感になっているとしたら，そのときは，上司の働きかけにより，部下の意識や行動を積極的に変えていくことが大切になります。

　組織文化の研究者として名高いシャインは，部下の意識を変えて，好ましい職場づくりを実現するための方策として，**不安のマネジメント**を提唱しています（図2）。具体的には，組織やメンバーがもつ不安には本質的に異なる次の2種類の不安があるといいます。

- ①現状にとどまることに対する不安
- ②新しいことを学ぶことに対する不安

　②の不安が強いと，組織や人は足がすくみ，その場から動けなくなりますが，①の不安が強い場合には，むしろその場から急いで逃れるため，自ら積極的に動き出します。この原理を利用して，まず①の不安を意識的に煽りつつ，次に②の不安を緩和すれば，学習の場（**グリーン・ルーム**；パブロフの研究で赤い部屋と緑の部屋を使用したのが由来です）に誘導でき，職場を望ましい方向にコントロールできるというわけです。たとえば，上司が把握した不安材料を包み隠さず部下と共有するなどの行動は，効果的と考えられます。

図1　ゆでガエル現象[006-1]

実際に実験すると、カエルは温度が上昇するにつれ活発になり、ゆでられるはるか前に逃げ出したとの報告が相次いでいます。もしくは徐々に加熱していった場合も、最初から熱湯に入れた場合と同様に、カエルはゆでられてしまった、との報告もあるそうです。しかし、「ゆでガエル現象」は説得力のあるメタファーとして、経営学者やビジネスパーソンには受け入れられ続けています。

図2　不安のマネジメント[006-2]

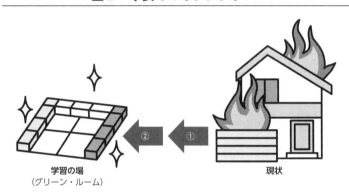

学習の場
（グリーン・ルーム）

現状

①の不安を増大させて現状から飛び出させたうえで、その後、動きを止めてしまうことがないよう、②の不安を緩和するのが、効果的と主張されています。

「内向き社員」に チャレンジ精神をもたせるには？

　内向き社員とは，自分の役割範囲の仕事にしか興味を示さず，自部署にとって有益か否かの観点で仕事の範囲を決め，前例に従う意思決定を重視する傾向にある社員のことです。変化する市場の影響で，従来の慣例を超えるチャレンジが求められても，内向きを変えることは難しいものです。

　図1は個人が職場に参入して，職場の役割を担う主体として活動する状況を示します。社員は職場共同体の同僚とともに働き，ともに職場のルール，分業体制，慣習に則って仕事をします（対象に対して働きかける）。仕事上の利用可能な道具や資源も，その職場が利用可能なモノに限定されます。つまり，社員は，職場への参入時から職場のルール，分業体制，慣習，利用可能な資源を学び適応しながら成長して一人前になっていきます。複数の部署との関係性や境界も学び協力しあって1つの成果が完成することもあります。

　一人前になるまで，誰もが職場という共同体システムに適応して育つので，内向きになることはむしろ自然です。しかし市場等の外部環境の変化により，従来の職場共同体システムが成果を出せなくなってくると，そのシステムを変化させるチャレンジが必要になります。とはいえ，個人や職場の力だけでは変化を作り出すことは難しいので，たとえば，社外留学をする，自分たちの製品を利用する現場に出てみる，異なる役割の部署とともに新たな課題に挑戦するなど，職場共同体の壁を越える**越境学習**が有効といわれます。その経験が，発想の転換や新たな関係性の構築を可能にして，新たな価値が作り出されると期待されます。

▶ **言い出しっぺの孤立に注意**　　越境学習の成果を職場に持ち込んで展開しようとすると，初期には，図2のような制約による壁に直面するので，チャレンジする個人が孤立化する危険性があります。そうならないように，組織が新たなチャレンジを後押しして，制約の影響を緩和させるような施策を実施する必要性があります。

図1　集合的活動のモデル^{007-1, 007-2}

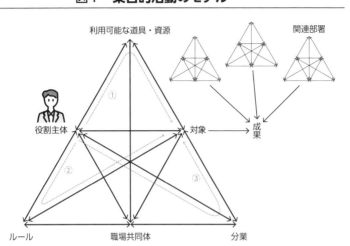

①利用できる資源を使って実践
②部署のルールに従って実践
③部署の役割の範囲で実践

役割をもつ社員が仕事をする（対象に働きかける）ときは，所属部署が担うルール，分業的役割，部署が利用可能な道具，そして慣習を媒介させて，仕事を行うことになります。

図2　職場での新たなチャレンジを妨げる4つの制約⁰⁰⁷⁻³

制約を低減させる組織的支援が必要です。

- **時間的制約**——効率的な業務遂行が求められる実務現場では，探索的な試行や実験的実施などの時間的余裕がない。
- **経済的制約**——新しい発想の実験的実施には多くの費用が必要になる。研究開発部門ではない職場では，探索的学びは投資ではなく，コストになってしまう。
- **法的制約**——実験的実施や挑戦には失敗が伴う。失敗には責任問題が発生する。リスクを恐れないように，免責構造を整える必要がある。
- **組織業務の歴史的構造**——現行の組織システムは組織の成果を歴史的に支えてきたものである。組織ルーティンの変化を伴う挑戦は，個人や部署を越える権限が必要。

008 改革のためのリーダーシップはどのようなフォロワーシップに支えられているの？

　組織のなかで革新的活動を推進しようとするときは，現行システムを遵守しようとするさまざまな力の抵抗を受けます。そのため，推進するリーダーの権威も揺らぎがちになります。そのリーダーを支えるのは，適切な**フォロワーシップ**です。

　抵抗する力に立ち向かうリーダーを率先して能動的に支持するためには，既存のルールを超える振る舞いが求められる場合があります。しかし，そのフォロワーシップによって，組織改革や組織発展を進める力を強固に支援することができます。その意味では，適切なフォロワーシップ活動は，一種のリーダーシップ行為とみなすこともできます。

▶ **ケリーによる5分類**　　ケリーは，チームメンバーのリーダーや集団に対する振る舞いを，フォロワーシップの観点から5類型に分類しました（図）。リーダーはフォロワーの類型スタイルを理解して，模範的フォロワーに近づけるように育て指導することが求められます。

- **模範的フォロワー**──リーダーの目的や意図を理解し，発言・行動ともに積極的に関与し，組織的なネットワークを構築し，的を絞った計画と行動を実行する。

- **孤立型フォロワー**──批判的で孤立的。協調的ワークが苦手。問題児的ではあるが，物事の問題点を指摘する能力をもつ。

- **消極的フォロワー**──特段の意見をもたず，基本的に指示に従う。指示された事項以外は行動しようとしない。

- **順応型フォロワー**──自身の意見を主張せず，協調的で摩擦を低減するように働きかける。

- **実務型フォロワー**──自身の役割に対して責任をもち，規則やルールに則り仕事を行う。

図 フォロワーの類型[008-1]

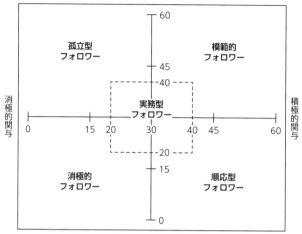

分析的かつ批判的な思考を行う

孤立型
フォロワー

模範的
フォロワー

実務型
フォロワー

消極的関与

積極的関与

消極的
フォロワー

順応型
フォロワー

依存的・無批判な考え方

数値は，縦軸と横軸についての質問票の得点（60点満点）。

リーダーシップの「特異性 – 信頼理論」[008-2]

* リーダーが，変革時でもリーダーシップを発揮するためには，フォロワーの信頼を獲得している必要があります。
* 信頼を構築するには，まず，リーダーは集団の規範を理解して守る行動を示すことが重要です。次に，集団の目的に沿って課題を解決し，目標達成に貢献する能力を示す必要があります。
* 変革が求められたときは，リーダーは蓄積した信頼を基盤として，フォロワーらの類型スタイルを理解した指揮を行い，確かなリーダーシップが発揮できるようになります。

リスクを恐れずに意見を言える組織に必要なことは？

　組織がよくなるには，組織を構成するあらゆるメンバーの経験や知恵を結集することが理想的とされます。エドモンドソンにより**心理的安全**（→**022, 070**）の概念[009-1]が提唱され，また，グーグル社がプロジェクト・アリストテレスで心理的安全の重要性を実証するような取り組みを行って以来，仕事を遂行するなかで気づいたことやアイディアは，たとえ現状を批判する内容でも躊躇なく伝えてほしいと部下に呼びかける上司が，以前より増えるようになりました。

　心理的安全とは，失敗や反対意見の表明など一般にリスクが想定される行動でも，そのチームや職場であれば非難されないという信頼感がメンバーに共有されている状態を指します。心理的安全が確保されていると，チーム学習が進み，高業績をあげやすくなると考えられています。もっとも，心理的安全が高いだけでは快適ゾーンではあるものの，必ずしも生産性には結びつかない「ぬるま湯」の状態となるため，明確な目標の徹底など，成果獲得への強いプレッシャーや責任も心理的安全とともに必要になります（図1）。

　一方で，学習に適した状態を組織につくり出す難しさも確かに存在します。まず，人間には自分より地位の高い相手に**声**（voice）**をあげること**に関する暗黙の信念（belief）が，少なくとも5種類はあるとされています（図2）。これらの信念に基づいて，人は組織のなかではむしろ黙っていたほうがよいという防衛的な選択をしがちであるというのです。この傾向は，たとえ横暴な上司でなくても，さらには，上司がこれまで部下の意見に激高したり，報復的な措置をとった現実を見聞きしたことが一度もなくても生じることが，研究の結果，明らかになっています。

　なんとも悲観的な結論ですが，人間のこのような潜在的な考え方を十分に理解しつつ，それでも声をあげることの大切さを上司が正しく認識し，部下に奨励し続ければ少しずつ理想に近づけるだろうとも説明されています。

図1　心理的安全と責任との関係[009-2]

	快適ゾーン	学習・高業績ゾーン
	無気力ゾーン	不安ゾーン

心理的安全（縦軸：低→高）

成果獲得へのプレッシャー・責任（横軸：低→高）

図2　組織で声をあげることに関する5つの暗黙の信念[009-3]

- 既存のやり方やプロセスに疑問を呈すると，その担当者や支持者への攻撃となり，リスキーである。
- 確かなデータや解決策の提示ができないときは，発言すべきでない。
- 上司が答えられるかわからないことを，上司の上司の前で尋ねてはいけない。
- 問題や非効率さを公の場で指摘して，上司に恥をかかせてはいけない。
- 昇進や高い評価を得たいならば，「静かにやっていく」ほうが報われる。

正しく意見を言える環境を整える

組織で下の立場の者は，上の立場の者に組織の決定に対して疑問に思ったことや反対意見を言えないことを上司や組織の上層部はしっかりと認識し，部下の心理的安全を確保することが何よりも重要になります。
一方で，声をあげる部下の側も，たとえば上司の人間性など，業務や問題に直接関係しない部分についての個人攻撃は控えるなど，発言のマナーを守ることが大切といえます。

010 達成困難な目標には
チーム活動が効果的？

組織が達成困難そうな目標を目指すとき，チームを形成して物事に対処しようとすることが少なくありません。チームや組織をつくることによって，各人がもつ**限られた合理性**や限界を克服することができると考えられるからです。実際，チームをつくると，1人では不可能なことも成し遂げられるようになることも少なくありません。

一方で，チームさえ組めばなんでも実現できるわけでないことには注意が必要です。さまざまな小集団活動を俯瞰した結果，チームは「フォーミング期」「ストーミング期」「ノーミング期」「パフォーミング期」の4ステージを経て発達すると提示した有名な研究があります[010-1]。しかし，この全ステージをたどれるチームばかりではありません。むしろ，発達の途中でなんらかの問題が生じることによってそれ以上先に進めないことも多く，特に，ストーミング期をうまく乗りきれるかはチーム成功の分かれ目の1つとされます。

別の研究では，働く人々を，「チームで働いていない人」「チームで働いている人」「見せかけのチームで働いている人」の3群に分けると，一見，チーム活動をしているにもかかわらず，そうでない群と比べて「見せかけ」チームの組織成果が悪いことも主張されています（図1）。

また，チームの成果はチームを構成するメンバーの独り立ちの程度に大きく依存する可能性もあります（図2）。具体的に，そのことを示した研究結果を紹介すると，①チームで活動する意義をメンバーが十分認識していると，チームの学習活動が活発になる，②ただし，たとえ意義を認識していても，自立が十分でないメンバーで構成されていると，自立したメンバーで構成される場合よりチーム学習が振るわないことがわかったのです。なお，ここで自立とは1人でも十分に仕事の成果をあげられることを指しています。要するに，チームに頼り依存するのではなく，1人でも十分に成果をあげられる人々同士が協働することで初めて，チームは成果を出せるようになると考えられるのです。

図1 見せかけの**チームワーク**[010-2]

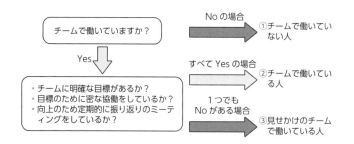

図2 **チーム活動のあり方と組織学習得点の関係**[010-3]

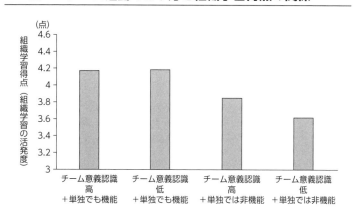

チーム活動の難しさ

チーム活動において「ストーミング期」を乗りきることが難しい理由の大半は，人間関係に見出せます。仕事に対する姿勢やコミットメントの程度が自分とは違って相手のやる気が感じられない，やる気は十分にあるが反対意見の出し方にメンバーへのリスペクトが感じられない，他者の意見に耳を傾けない，などがよくあるパターンです。したがって，チーム活動を成功させたい場合，まず，これらのトレーニングも必要かもしれません。

011 職場をもっとうまく回したいのに 管理職として忙しすぎる！

　最近の管理職は，本来業務である職場の管理だけでなく，自身がプレイヤーとして活躍することを求められる風潮が高まり，非常に多忙になっています。

　しかし，組織の階層を上昇するにつれ，管理職や役員，いわゆるマネジャーに求められるスキルは，大きく変化します。マネジャー研究の大家であるミンツバーグと並んで，現在でもよく取り上げられるカッツの研究では，マネジャーのスキル（➡**042**）を，次の３つに分類しています（図１）。

- テクニカル・スキル
- ヒューマン・スキル
- コンセプチュアル・スキル

テクニカル・スキルとは，財務や製造など専門業務に関する知識や技術を指します。また，**ヒューマン・スキル**とは，部下や同僚・上司などとうまくコミュニケーションをとりながら仕事を進める能力で，ここには部下の育成や動機づけも入ります。最後の**コンセプチュアル・スキル**は，組織内外を広く把握し，戦略的な意思決定をする能力です。ヒューマン・スキルは，どの階層のマネジャーにも不可欠である一方で，階層が上昇するにつれ，重要視されるスキルの比重は，テクニカル・スキルからコンセプチュアル・スキルへと上記の順で変わる必要があります。

　ところが，管理職として忙しすぎる場合，本来は**スキルシフト**の必要があるにもかかわらず，それができていない可能性が考えられます。図２は，大企業の中間管理職40名に実施した研修に関する独自の調査結果です。忙しいときほど人に任せず，自分で仕事を片づけてしまう管理職が，調査対象者全体の65％にも上ることがわかります。任せることは，自分の負担を軽減するだけでなく，部下の育成や動機づけにも役立ち，長期的にみると，上司・部下ともに，win-winの関係をもたらします。そのため，積極的に行うことが必要です。

図1　3種類のマネジャー・スキル[011-1]

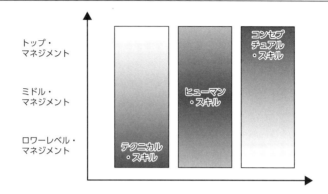

トップ・
マネジメント

ミドル・
マネジメント

ロワーレベル・
マネジメント

コンセプ
チュアル
・スキル

ヒューマン
・スキル

テクニカル
・スキル

網掛けが濃いほど，各マネジメント層におけるスキル重要度が高い。

図2　任せられない管理職[011-2]

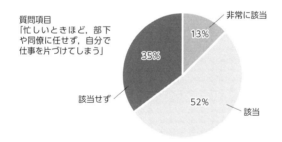

質問項目
「忙しいときほど，部下
や同僚に任せず，自分で
仕事を片づけてしまう」

非常に該当

13%

35%

該当せず

52%

該当

II

ワークマネジメント①

ミスと進捗の遅れを防ぐ工夫

012 わかっていても間違ってしまうのはどうして?

　メンバーにある作業を任せるとき,間違いやすい作業だから気をつけるように指示しても,その作業を案の定間違えてしまうことはありませんか。「だから言ったでしょ」となるところですが,そもそもの原因を取り除いたり,間違えにくいような対策を実施しないと,その間違いは繰り返されることになります。

　視覚の特性の1つである錯視を例に説明します。錯視とは,実際に存在する物や状態と主観的な見え方とがくい違う現象です[012-1]。ある錯視を初めて見たときには,そのくい違いにすら気づくことはほとんどありません。また,重要なことに,錯視の「タネ」を知って,実際とくい違った見え方をすることを知ったとしても,その見え方を変えることはできません。つまり,実際とは異なった見え方をすることを頭でわかっているだけでは不十分なのです。視覚のほか,認知や記憶などの人に備わった多くの特性(**ヒューマンファクター**)も同様です。つまり,人が間違いを生じさせやすい状況があるとき,その間違いを減らすために人の特性を知るだけでは不十分であり,実際に人の特性を反映させた施行や対策を行って初めて効果が現れます。

　先程の錯視の例では,現実を正しく捉えるために,錯視を発生させる原因を取り除くことです。この原因を取り除くと,先ほどまでなぜ実際とくい違って見えていたのか不思議に思うほど見え方が変わります(図)。なお,錯視は視覚の特性の「欠陥」を示すものではなく,人が身につけた高度な視覚的な情報処理の結果,ある条件を満たすときに現れるのです。

▶ **業務への応用**　人の特性を考慮した計画や設計を行うことによって,間違いが生じにくいように事前に対策を行いましょう。また,間違いやすい作業を指示しなければならないときには,その作業に含まれる間違いを誘発させる原因が何かや,その対策となる手順がなぜ必要なのか,その対策となる手順をどのように行うのかなどの根拠や具体性を明らかにするようにしましょう。

図　わかっていても，間違える（ミュラー－リアーの錯視の例）[012-2]

中央にある2本の線分の長さが等しいが，上の線分のほうが下の線分よりも長く見えます。
線分の両端の矢羽の角度があることによって，中央の線分の長さが異なって見えます。

角度あり

実際と主観的な見え方とが
くい違う錯視の例

角度なし

実際と主観的な見え方とが
一致する例

* 錯視の説明がないと錯視であることにすら気づかない。
* 錯視であることを知っても主観的な見え方は変わらない。
* 錯視を発生させる原因（角度）を取り除くと，主観的な見え方が変わる。

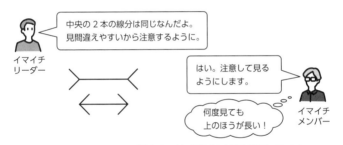

イマイチ
リーダー

中央の2本の線分は同じなんだよ。
見間違えやすいから注意するように。

はい。注意して見る
ようにします。

何度見ても
上のほうが長い！

イマイチ
メンバー

見間違えやすいことについて説明はあるが，具体的な対策を指示していない。

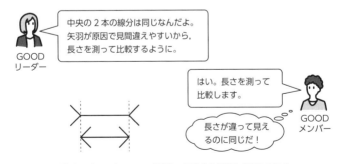

GOOD
リーダー

中央の2本の線分は同じなんだよ。
矢羽が原因で見間違えやすいから，
長さを測って比較するように。

はい。長さを測って
比較します。

長さが違って見え
るのに同じだ！

GOOD
メンバー

見間違えやすいことについて説明し，具体的な対策を指示している。

013 どんなにミスを防ぐ訓練をしても ミスが出る……研修や訓練に 本当に必要なことは？

　作業をミスなく実行し，所定の品質を満たす結果を出すスキルを，**作業確実実行力**といいます。作業訓練に関して，作業員の技能を高めればミスが減るという技能重視の考えが主流です。しかし現実には，技能を重視した作業訓練だけでは，ミス撲滅にあまり効果が期待できません。

　すべての作業を1人の職人や1つの専門チームが完成させる場合は，小さなミスにも気づきやすく，異常検知やその共有が容易です。しかし現代では，分業体制が多くなり，自分のミスがどこに影響するかが見えにくくなっています。

　分業体制の上流工程から送られてきた作業結果や作業プロセスにミスが潜んでおり，それに気づかずに作業を進めると，はるか下流あるいは市場で大きなトラブルになる危険性があります。

　現在の生産システムでは，ミスに気づくことさえできれば，その部分の交換や修正が比較的容易になってきています。このため，現代では各人の作業確実実行力だけではなく，「何かおかしい」といった**異常検知力**が重要になっています。

　また，作業に慣れてくると，作業を行う環境や道具等への確認・チェック姿勢がおろそかになりがちです。

　1人ひとりの作業確実実行力に加えて，作業環境や関連部分への異常検知力を高めるために，研修や訓練としては，事故やミスの実例を題材にして疑似的に経験する演習を行い，どのような検知力が必要かを体験させるようにします。

　また，他者に作業を，その準備段階も含めて教えることで，他者のやり方や間違いを分析的に理解することが鍛えられ，作業への慣れによって低下していた自身の異常検知力も高めることが期待できます（➡**086**）。

図 慣れたことで増えるミス[013-1]

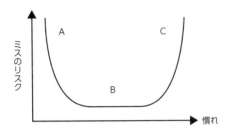

初心者がミスを連発する段階 A も危ないが，慣れて油断し，周囲へのチェックがおろそかになる段階 C も危ないとされています。

ミスを防ぐ熟達者の育成

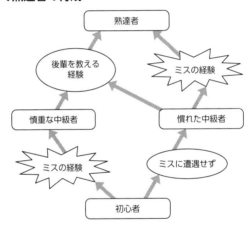

ミスは起こるものと考えよう

ミスをその場の当該作業だけの問題と捉えるのではなく，環境，業務構造，分業体制，それらの変化を含むシステムとして理解し，システムの異常を感知する力の育成が重要です。

014 マルチタスクや単調な作業は どうしても必要なときだけにしよう

　デスクで資料を作成している最中に，次々とくるメールに返信しながら仕事を進めなければならない状態になっていませんか（図1）。同時並行に作業を行うと，抜けや間違いが増加して効率が悪くなることがわかっています（図2）。デスクワークに限らず異なる作業（タスク）を並行に行うことは**マルチタスク**とも呼ばれ，ワーキングメモリの機能に支えられています。

　ワーキングメモリは，短い時間の一時的な記憶の機能であり，その記憶が作業や処理などによって忘れてしまわないようにする注意の制御を含んでいます[014-1]。注意の制御は抑制機能，切替機能，維持・更新機能と関連することが示されています（図1）。これらの機能がうまく働かないと，「さっき何をやってたんだっけ」「次は何をやるんだっけ」というようなことが起きます。つまり，やることが多すぎると，やるべきことを維持することが困難となります。

　ワーキングメモリの指標は，ある課題をやりながらどれだけの量を覚えられるかの容量であり，個人差があります。ワーキングメモリ容量の小さい人では，マルチタスクのような複雑な状況に限らず，**単調な作業**でもやるべきことを維持することが困難となる傾向が示されています。

　たとえば，ワーキングメモリ容量の大きい人に比べて小さい人では，ほとんど考える必要がないような単調な作業をしているとき，その作業とは関係のないことを考えてしまうこと（マインドワンダリング）が多くなりました[014-2]。言い換えると，ワーキングメモリ容量の大きい人は，やるべきこととは関係のないことを考えないでおくこと（抑制）によってやるべきことを見失わずに維持できたのです。

　忙しくなるとマルチタスクの状態になりがちです。マルチタスクの状態に漫然とならないように作業に優先順位をつけ，マルチタスクはどうしても必要なときだけにしましょう。また，単調な作業を要するときには，途中で休憩を挟むなどしてメリハリをつけて作業しましょう。

図1　注意の制御に関連する機能[014-3, 014-4]

- 抑制機能——やるべきことに関係のない情報から影響を受けないようにする。
- 切替機能——複数のやるべきことを区別して，それらを切替える。
- 維持と更新機能——情報を更新したり，忘れないようにして維持する。

これらがうまく機能しないとやるべきことから外れてしまう。

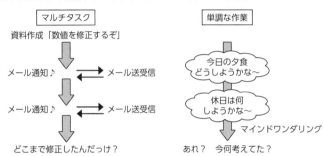

図2　マルチタスクをすると間違いが増える[014-5]

30歳くらいまでは2つの課題を同時に行っても，1つの課題だけ行うときと作業のスピードはあまり遅くはなりませんでしたが，正確性は低下しました。60歳くらいになると，速さも正確さも2つの課題を同時にするときのほうが悪くなりました。

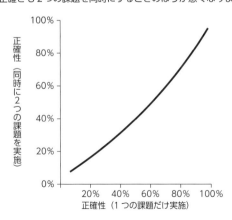

90%の正確性でできるものも，他の課題と同時にすると80%になった。

015 いつもと少し違うときに間違えやすいのは,いつもうまくできてしまっているからかも

　いつもと同じやり方で業務を進めることは効率的ですが,ちょっとした変更があるときに,ついうっかりいつもと同じやり方でやってしまうことはありませんか?

　スキーマとは,個々の経験の積み重ねによってできる構造化されたひとまとまりの知識（枠組み）のことを示す心理学用語です[015-1]。スキーマに紐づいた環境や条件がそろえば,スキーマが自動的に働き,経験に基づいたいつもの行動や考え方に引き寄せられます（図）。

- 良い面――スキーマに当てはめて認識することによって,膨大な情報を効率よく処理することが可能。
- 悪い面――スキーマに当てはめて認識することによって,細かい特徴的な点が失われてしまう。

　いつものメンバーでコミュニケーションをとるとき,そのメンバー内で共通のスキーマが共有されていれば,「一を知って十を知る」というような効率的な意思伝達が可能です。しかし,細部が抜け落ちるなどコミュニケーションエラーにつながります（➡**056**）。

　スキーマを活用すると,話し手と聞き手のスキーマを共有して,効率的な業務を進めることができます。ただし,「いつもうまくいっているから大丈夫」と,スキーマに頼りすぎないことが大切です。

　たとえば,いつもの手順に一部変更が生じたときなど,スキーマが不適切に働きそうなときには,特に注意が必要です。すぐに気づく場所にあらかじめメモを貼るなど,不適切なスキーマに取り込まれないための対策が大切です。また,事前打合せで「いつもと△△の箇所が違いますよ」などのちょっとした声掛けも有効です。

図　スキーマには良い面と悪い面がある

スキーマ＝経験や知識・技術によって得られる枠組み。条件や環境がそろえば，自動的に働き出します。

・環境によってスキーマが働く例——茶道の熟達者が，茶室に入ると一連の所作に関するスキーマが働く。
・環境によってスキーマが働かない例——茶道の未熟な者が，茶室に入っても何をすればいいかわからない。

　業務においては，茶道を「専門的な技能」に読み替えるとわかりやすい。

良い面
・予見できる。
・素早い意思決定。

悪い面
・いつもと異なるのにいつもの枠組みを当てはめてしまう。
・異なる枠組みを当てはめてしまう。

スキーマが働かなければ，ほとんど理解できない例[015-2, 015-3]

> 最初にいくつかのグループに分けます。量によっては1つでも構いません。一度にやりすぎないことが重要で，多すぎるより少なすぎるほうがましです。近い将来，この仕事がなくなることはないでしょう。装置に移動させ手順が完了した後，それを再び別々に分けます。そのあと，適切な場所へ置きます。最終的にそれらはもう一度使用され，このサイクルを繰り返します。これは，生活の一部です。
> 　　　　　　　　　　　　　　　　　　　　（実験で使われた文から抜粋）

内容をすぐに理解できますか？「洗濯」の内容であることを知らないと見当もつかなかったのではないでしょうか。もう一度読んでください。洗濯というスキーマが働くことによって，この文章を十分に理解することができるようになります。

016 見落としのない 「確認」をするためには？

　誤りがないように確認したはずなのに，見落としてしまったりすることはありませんか。人は目から外の情報のほとんどを得ますが，そうであっても人が一度に処理できる視覚情報は限られています。あたかもしっかりと見えているかのようでも，あまり見えていないのです。人の目の見え方の特徴を知って，「見たつもり」にならないようにしましょう。

▶ **実際に機能している範囲**　　広い範囲が見えているように感じていても，実際に機能的に見えている範囲は限られており，これを**有効視野**[016-1]と呼びます（図）。確認が必要な箇所には，その場所に視線を移しましょう。難しい作業のような心理的な負荷が高いときや，焦っているときなどには視野がますます狭くなり，見落としなどが生じやすくなります。

▶ **思い込みによる無自覚の見落とし**　　たとえ有効視野で誤りを捉えていても，その誤りの見落としは生じることがあります。見る人の経験・学習や見る人の意図など（**トップダウン処理**）が強すぎると，実際の状態を見ること（**ボトムアップ処理**）とのバランスが悪くなり，実際とは異なって見えたり，見落としが生じたりします（表）。

　「見落とし」といっても原因はさまざまで対策は異なります。たとえば，書類での誤字脱字の見落としの例では，誤字脱字があっても意味が通るようにトップダウン処理によりその文章を読んでしまいがちです。そのため，このトップダウン処理を抑えるために漢字の音読みと訓読みを変えて読んだり，その文章を初めて読む人に協力してもらったりするとよいでしょう。

図　**有効視野は意外と狭い** 016-2, 016-3

目を動かさないで見える有効視野の視角は，作業内容などによって変わり，両手を伸ばした距離で広くても手の大きさ程度しかありません。以下の特徴があります。

* 難しいような心理的な負荷が高いと有効視野はさらに狭くなる。
* 細部まで「見えている」のはさらに狭く1°から2°程度（中心視）。

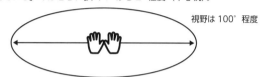

視野は100°程度

「見え方」のイメージ　　　　　　　　　　有効視野のイメージ

「ケーキおいしそう」

表　**注意のバランス** 016-4

トップダウン処理
* 見る対象が完全でなくても理解できる（例：「シンデレフ」）。
* 細部を見ない代わりに，効率的に見たり予測したりできる。
* それまでの経緯（文脈）や見る人の経験・知識などに左右される。
* 実際とは異なる見え方をしていることがある。

ボトムアップ処理
* 細部にも注目した見え方のため，効率的に見ることができない。
* 目立つものや新奇なものに目がいく。

> **見え方を意識する**
>
> 　トップダウン処理とボトムアップ処理は，どちらも大切な処理です。いつも誰もが同じように見えていると考えず，見え方が変わることを理解しましょう。同じ人が同じものを見ても，時期や心理的な状態などによって「見え方」が異なって見えることがあります。見え方の特徴を理解して，環境や状況に応じた対策を行いましょう（例：運転中に子どもとすれ違うとき，子どもの飛び出しを警戒して視線を配るなど）。

チェックの精度を高めて
確認漏れを減らしたい

しばしば，確認をしても不具合や抜け漏れを見つけられないことがあります。これを減らすために，繰り返しチェック（**ダブルチェック**）することは，容易に実施できる対策です。しかし，そのやり方次第で効果は違ってきます。ダブルチェックの仕組みを工夫することで，より確実な確認が行えるようにしましょう。

1人でダブルチェックするときには，1回目にチェックした内容を参照できないようにすることが重要です。1回目のチェック内容を見てしまうと，既に発見したエラーの確認作業をついやってしまい（**確証バイアス➡031**），1回目で見つけることができなかったエラーを2回目でも見つけにくくなります。

ダブルチェックの効果を調べた実験[017-1, 017-2]では，PC画面上に表示した数多くのカタカナから特定のカタカナを見つける課題を用いて，抜け漏れの数を測定しました（図）。1人でダブルチェックを行う場合，1回目に見つけたカタカナの色が変わる（参照可能）条件では，色が変わらない（参照不可能）条件に比べて抜け漏れは多いことがわかりました。

また，確証バイアスに陥らないため2人でダブルチェックを行うことは有効ですが，その場合であっても，「もう1人の担当者が見つけてくれるだろう」のような**社会的手抜き**が生じないような工夫は必要です。社会的手抜きは，複数人で作業を行っていると知るだけで，1人当たりの作業効率や努力量が1人だけで行うときに比べて低下することです。単に努力を求めるだけでなく，努力することの動機づけを高めたり，作業の仕組みややり方を見直してみましょう。

また，異なった方法で同じ対象を確認するクロスチェックも有効です。ただし，チェックに頼ることなく，エラーの原因を少なくすることが大切です。

図　ダブルチェックの工夫[017-3, 017-4]

ダブルチェックの仕組みを工夫するだけで，効果が高まります。

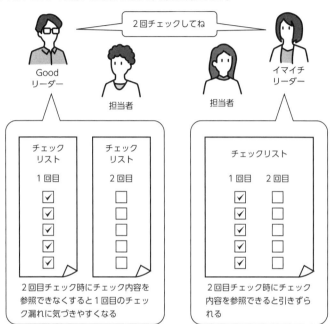

Good リーダー
担当者
担当者
イマイチ リーダー

2回チェックしてね

チェックリスト 1回目 ☑☑☑☑☑
チェックリスト 2回目 ☐☐☐☐☐

2回目チェック時にチェック内容を参照できなくすると1回目のチェック漏れに気づきやすくなる

チェックリスト 1回目 ☑☑☑☑☑　2回目 ☐☐☐☐☐

2回目チェック時にチェック内容を参照できると引きずられる

PC画面上で特定のカタカナを探す課題

チェック内容を参照できなくすることが有効です。また，2人で1回ずつダブルチェックを行うことも有効です。

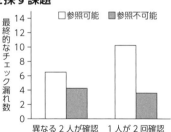

□参照可能　■参照不可能

最終的なチェック漏れ数

異なる2人が確認　　1人が2回確認

本来はダブルチェックに頼らずに根本的な原因を取り除くことが重要です。また，手順が増えることへの負担増加も考慮しましょう。

018 作業手順を工夫するには認知特性を考慮しよう

　誰かに作業を任せるとき，作業手順などをまとめたマニュアル類を作成することは期待通りの出来栄えや成果物を得るために重要なことです（➡**045**）。しかし，マニュアル類を作成しても期待外れのものや，指示とは異なる成果物になることは少なくありません。マニュアルや手順を定めるときには，人の**認知特性**を考慮することでミスが減ったり，期待通りの出来栄えが得られるでしょう。

　認知特性の1つである記憶の特性（➡**019，024**）に，変容したり忘れたりすることがあります。記憶に頼らない手順とすることは，ミスを減らす1つの対策です。図1のように2つの手順（AとB）のどちらから着手してもよいとき，この順番を指定することによって，やり忘れ（抜け）を避けることが期待できます[018-1]。

　この順番を指定しないとき，作業者は2つの手順のどちらを実施したのかを作業者自身が管理しなくてはならないため抜けが生じやすくなります。また，実施したかどうかのチェック項目をやみくもに追加したとしても，手順が増える割には期待するほどの効果は得られないかもしれません（ダブルチェック➡**017**）。さらに，前の手順を終えなければ次の手順に進めないようなハード対策とあわせて行えば，より確実となるでしょう。

　しかし，行動のすべてを記載するような詳細すぎるマニュアルは，作業者の判断を奪います[018-2]（図2）。マニュアルに記載されたこと以外はしなくなって，明らかな異常を見過ごす恐れが生じたり，マニュアルを無視したりします（ルール違反➡**023**）。作業手順を工夫するときには，コストや効率性，作業の身体的負荷に意識が向かいがちですが，認知特性を考慮するようにしましょう。

図1　人間の特性を考慮した手順の例[018-3]

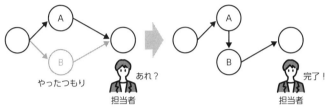

作業の抜けが生じやすい

やったつもり

あれ？

担当者

AとBのどちらからでもよい

作業の抜けが生じにくい

完了！

担当者

AをしてからBを行うこと

やったかどうかを記憶に頼らない手順にする

図2　手順を過剰に指示したら……[018-4]

君の作業内容は「すべて」マニュアルに書いてあるからその通りに装置を操作しろよ！

イマイチリーダー

数日後……

装置のネジが落ちているのになんで対処しなかったんだ！

マニュアル通り装置を操作していました。そうそう，作業中に何か落ちた音がしましたよ。その後から操作がやりにくくなったんですが，マニュアル通りにしましたよ。

担当者

マニュアルのことしか頭にない
（バイアス⇒031）

本当に大切なのは改善の定着

近年，業務の見直しや改善の取り組みなどが盛んに行われていますが，そこでの結果を定着（標準化）して初めてそれらの取り組みの意義が発揮されます。この定着をスムーズに行うためにも，人の特性を考慮した手順書やルールづくりは重要です。関係者の意見を取り入れ，協力して作り上げていくことが大切です。

019 スケジュールの管理は記憶に頼らないようにしよう

　同僚に頼まれていたことを後回しにして，ついやり忘れてしまうことはありませんか。あるいは，メンバーに予定をメモするように言っていたのに，その予定をすっぽかされたことはありませんか。これらの失敗の特徴は，「やろう」と決めた時点から，しばらく後の適切な時点でやることを思い出すことができなかった点です。このような，「やることを決めた時点」から「未来のある適切なタイミング」で思い出す必要がある記憶を**展望的記憶**[019-1]と呼びます。

　日常ではたくさんの予定をとても覚えていられないので，ほとんどの人はスケジュール帳やアプリで管理しているでしょう。そして，スケジュールの記録は重要な予定ほど抜けなく記録しているものです。しかし，展望的記憶は予定の動機づけが高いような重要な予定ほど忘れにくい特徴があります。そのため，あまり動機づけの高くない予定こそ，しっかりとスケジュールを記録することが大切です。

　しかし，これにも限界があります。たとえば，事前にスケジュールを確認したとしても，「〇時△分」や「□□をした後」など，適切なタイミングでそのスケジュールを自発的に思い出す必要があるためです。この対策として，アプリなどを利用してアラームを設定すると，予定を自発的に思い出す必要はなくなります。

　一定期間のあとに電話をかけさせるという実験[019-2]（図2）では，メモの効果が年齢間で違いがありました。電話をかける予定のメモを取らなかった参加者では，年齢の高い参加者ほど電話をかけ忘れやすかったのですが，予定のメモを取った参加者では，年齢の低い参加者ほど電話をかけ忘れやすいことがわかりました。つまり，予定を単にメモすることだけでは足りず，そのメモをうまく使うことが若年齢者では特に大切であることがわかりました。

図1　予定をすっぽかさないために

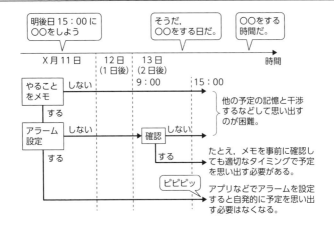

図2　スケジュールの管理[019-3]

若年齢者は，スケジュールを記録してもそれをうまく管理できない傾向があります。

若年齢者

高年齢者は，スケジュールの記録や管理をうまくすることでやり忘れを回避する傾向があります。

高年齢者

スケジュールを記録して，うまく使えることが必要

業務以外にも薬の飲み忘れなど，日常生活において展望的記憶は大切です。以下のような工夫をしてみましょう。

• あまり重要と思わない予定こそ意識的にメモする。
• スケジュールを思い出すきっかけを仕組みでつくる（アラーム活用など）。

計画通りに進まない！ いつも締切ギリギリ……　その①
必要な時間を短く見積もってしまう

　大学の卒業論文から企業のプロジェクトまで，人々は到達点や完成品を目指して計画を立てて進みます。ところが，締切が迫ってきたところで，まだ実施すべき作業が多くあって完成が遅れたり，突貫工事的になったり，不都合が重なる事態になることが少なくありません。このような事態に陥る主な原因の１つに，**計画錯誤**があります。計画錯誤は，完遂までの作業にかかる時間を短く見積もる傾向のことです。

　実験を紹介します。カーネマンとトベルスキー[020-1]は大学生37人に，卒業論文完成までに，

- ①すべてが順調にいった場合
- ②予期せぬことばかりが起こった場合

を想定して，完成までに必要な日数の見積もりをさせました。その結果，①の場合の見積もりは平均27日，②では平均49日でした。しかし実際の完成には，平均56日かかりました。人は時間以外にも費用やリスクなども低く見積もる傾向にあります。これには楽観視や過去の類似経験を十分に生かさない思考特性が影響しています[020-2]。

　ただし職場で問題となりがちな事態は，完遂までに必要な個々のタスクを分解して書き出し，それらの関係性と時間配分，各タスクの担当者（自分〔自部署〕でできるか他者〔他部署〕に依頼する必要があるか）を明らかにして所要時間を見積もる，一種のシミュレーションをしないまま判断することにあります。これを**アンパック不足**といいます。

　アンパックのためには，経験者の知恵を借りて，自分の想定外のタスクやリスクがないかを確かめ，時間の見積もりが甘くないかをチェックしたうえで，関係者の意見を聞きながら共有し，さらに進行していく過程でも適切なモニタリングが働くようにマネジメントすることが大事です。図は，その手段としての**WBS**（work breakdown structure）と**ガントチャート**の例です。

図　スケジュール管理のためのWBSとガントチャート

WBSとガントチャートによって必要な作業，作業間の関係性，役割分担を明確にできます。

1．達成に必要な大まかな作業まとまりやフェーズを分ける。
2．作業を細かく分解する。
3．作業を整理し階層的に図示する。
4．各作業に必要な工数（掛けられる工数，日数）を見積もる。
5．担当者を決める。
6．期間とWBS内容の関係図（ガントチャート）を作成して共有する。
7．期間の中で進捗を確認・調整する時期を決めておく。

WBS：上記1から3（調査の作業内容）

ガントチャート例：上記4から7まで（進捗スケジュール）

WBS		担当	○月○日の週	○月○日の週	○月○日の週	○月○日の週	○月○日の週	○月○日の週	○月○日の週	○月○日の週	○月○日の週
企画	対象者	M	←→								
	内容A	M	←→								
	内容B	M	←→								
	内容C	M	←→								
設計	A項目	M		←→							
	B項目	M，T		←→							
	C項目	M，T		←→	確認をとる						
	分析の設	M，T		←→							
実施	作り込み	R				←→					
	配布	R					←→				
	回収	R					←→				
分析	X集計	R							←→		
	Y分析	T							←→		
	Z分析	T							←→		
報告書作成		M，T								←→	→

021 計画通りに進まない！
いつも締切ギリギリ……　その②
目先を優先し必要な作業を先送りしてしまう

あなたは次のどちらを選びますか。

- 今日 5 万円もらえる。
- 来週 5 万円もらえる。

今日のうちにもらいたいですよね。それでは次はどうでしょうか。

- 1 年後に 5 万円もらえる。
- 1 年 1 週間後に 5 万円もらえる。

こうなると，どちらでもいいのではないですか。

　私たちは，今すぐできることの価値を過大評価し，遠い将来の価値を過小評価する傾向があります。たとえば，毎日10分集中して運動すれば 1 カ月後にダイエットできるのに，目の前のケーキの価値が大きくて食べてしまうようなことです。そのケーキは，1 カ月後のダイエットの価値より大きく感じられてしまうのです。エインズリーは，今できることや今の時間を強く重視し，将来の価値を低く感じてしまう傾向を**双曲割引**と名づけました（図 1 ）。横軸は時間経過，縦軸は将来の価値を現在の価値に換算するときの率（割引率）とします。グラフは価値が時間とともに減少する双曲線（割引率が一定ではない）になります。価値だけではなく，将来のリスクについても過小評価する傾向があります。

　双曲割引を防ぐことは困難です。それだけに，「意識的」に対策を講じる必要があります。たとえば，スケジュールと自身の行為を可視化して（日々の運動時間と体重を表にして壁に貼る），毎日の行為を振り返ることができるようにします（図 2 ）。あるいは，夏休みの宿題的なものの場合は，毎週日時を決めて，仲間が集まり，進捗を確認したり，わからないところを教えあうというコミットメントを高める工夫が有効です。

図1 双曲割引[021-1]

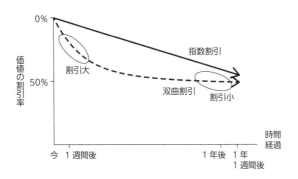

図2 コミットメントを高める工夫

エクササイズ表

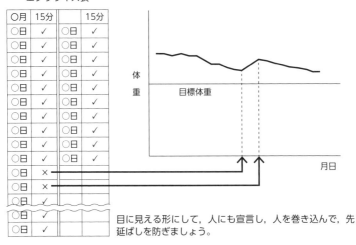

○月	15分		15分
○日	✓	○日	✓
○日	✓	○日	✓
○日	✓	○日	✓
○日	✓	○日	✓
○日	✓	○日	✓
○日	✓	○日	✓
○日	✓	○日	✓
○日	✓	○日	✓
○日	✓	○日	✓
○日	✓	○日	✓
○日	×		
○日	×		
○日	✓		
○日	✓		
○日	✓		

目に見える形にして，人にも宣言し，人を巻き込んで，先延ばしを防ぎましょう。

習慣化もデジタル活用！

習慣化を支援するアプリが複数あります。
「習慣化アプリ」という用語で探し，目的に即したものを活用してみてください。

チームやメンバー間で
エラーを共有して減らしたい

　メンバーがあまり積極的にリーダーに報告に来なかったり，当たり障りのない内容しか報告してくれなかったりしませんか。メンバーからすれば，ちょっとしたミスやつまずき（エラー）をリーダーに報告せずに解決したほうが穏便に済むと考えているかもしれません。

　理想的には，メンバーが進んでエラーを報告し，チームでそのエラーを共有することで助けあいながら解決したいものです。そのためには，共通の目的意識をもち（方針管理），重大な事態になる前にエラーを見つける重要性（指導教育），個人が責められることなくエラーについてオープンに議論できる雰囲気（人間関係）などが備わった良好なチームである必要があります[022-1]。

　病院での投薬エラーを分析した研究（図）では，チームが良好な状態であるほど，避けることができたエラーやエラーを修正したという自発的報告が多くありました。この結果は，チームを良好にするとエラーが増えるというように矛盾した結果に見えますが，そうではありません。良好なチームでは，エラーを見つけることのできる技能が高いことに加え，エラーを報告して共有することで非難されないという**心理的安全性**（➡009，070）の高いチームであることなどによって，エラーの報告が促されました。

　チームがうまくいかないときほど雰囲気はよくないものですが，そのままにしておくと，エラーを隠そうとするチームになってしまいます。メンバーへの教育やメンバー間で協力しあえる関係性を構築することが大切です。また，エラーを報告してくれた人に事情を聞くときには，「責められている」や「詰問されている」と誤解されないように言葉づかいなどに注意しましょう。

図　病院でのチームの特性とエラーの報告数との関係[022-2]

グラフが右側に伸びるほど，チームの状態が良いときに，エラーの自発的な報告が増える傾向が強いことを意味します。

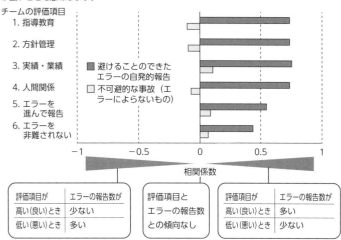

チームの評価項目
1. 指導教育
2. 方針管理
3. 実績・業績
4. 人間関係
5. エラーを進んで報告
6. エラーを非難されない

■ 避けることのできたエラーの自発的報告
□ 不可避的な事故（エラーによらないもの）

相関係数

評価項目が	エラーの報告数が
高い(良い)とき	少ない
低い(悪い)とき	多い

評価項目と
エラーの報告数
との傾向なし

評価項目が	エラーの報告数が
高い(良い)とき	多い
低い(悪い)とき	少ない

心理的安全性があればエラーも報告しやすい

間違えたけどうまく対処できたし，報告しなくていいや。

報告事項はありません。

今日も問題なし！

イマイチリーダー　メンバー

同じ間違いが他の人でも起こるといけない。報告しなきゃ。

△△作業でうっかり間違えたので，やり直しました。

その作業はややこしいよね。どういう状況だったの？

メンバー　GOODリーダー

023　ルールを守ってもらうためには？

　リーダーが**マニュアル**や**ルール**を頑張って整備していても，担当者がそれらを守らなければ意味はありません（図）。リーダーは担当者がマニュアルやルールを守るために必要な環境整備を行い，それを適切に運用することが必要です。新任の担当者など知識が不足する人へはマニュアル類の研修などを行い周知や理解をさせることや，「面倒くさいから」などの理由で意図的な違反が生じないように遵守の意識・態度を高めるなど，さまざまなアプローチによって取り組むことが必要です。

　たとえば，マニュアルに依存しすぎることによる意図的な**違反**があります。よくできたマニュアルは，過去の経験や知識のエッセンスが詰まった素晴らしいものですが，担当者の交代などによって，なぜそのようなルールや決まり事があるのかがわからなくなってしまう場合があります[023-1]。

　守らなければならない理由がなければ，そのルールは破られやすくなります[023-2]。単にマニュアルやルールを守らせるのではなく，それらが決められている意義を含めて周知し，チーム間で共有するとよいでしょう。そうすることによって，チームとしてルールを遵守する雰囲気を醸成でき，技術力の低下も防ぐことができます。その他，「マニュアル通りにしていたら間に合わない」などの違反をする動機や理由が生じない環境を整備することも大切です[023-3, 023-4]。

　また，ルール違反は善意によっても生じ，「よかれと思って」違反する場合があります。たとえば，ある作業に専念しなければならないルールであるにもかかわらず，隣で別の作業をしている仲間をちょっと手伝ってしまうことなどです。なぜ専念しなければならないかわかっていれば，違反は生じにくいでしょう。日常の例では，あなたが自動車の運転中に助手席で知人が飲み物をこぼしたとき，どのように行動するでしょうか。すぐに手助けせず，安全な場所に停車させるまで運転に専念し，その後で手助けを行うことが望ましいでしょう。

図　マニュアルの効果的な運用[023-5]

望ましい「行動」をとってもらうには，「知識や技術」と「態度」を伝えましょう。

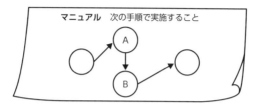

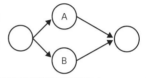

担当者

AとBのどちらからやっても同じじゃないですか？　効率的じゃないと思います。

マニュアルに依存・技術力の低下による強制

イマイチリーダー

決められた通り順番にする！わかった？

強制すると遵守されにくくなることがある（リアクタンス）。

マニュアルを効果的に運用

Goodリーダー

どちらからでも実施できるけれど，やり忘れ防止のために順番が決められているんだよ。やり忘れがないほうが効率的なことより大事だからね。

知識と態度を伝えている。

担当者

私のほうが詳しいからやりやすいほうからやることにしよー。そのほうが効率がいいもん。

ルール違反をしても失敗しなければ，ルール違反が日常的となる。

そういう仕組みだったんだ。抜けがないように順番を守ろう。

担当者

「うっかりミスでした」で 終わらせないで,原因を探ろう

　機器の不具合には原因追究がなされますが,ヒューマンエラーが原因となると,単なる「操作間違い」などのように済まされがちではないでしょうか。なぜその操作間違いが起きたのかなどの原因を追究して,その原因を解決しない限りヒューマンエラーを減らすことはできません。**ヒューマンエラー**について2つの考え方が示されています[024-1]。

▶　**心理学的な考え方**　　例に挙げたような操作間違いのような行為に関わるエラーは2つに大別されています[024-2]。間違った目標や計画を立て,その意図した通りに行為をした結果として生じる**ミステイク**と,目標や計画は適切であるがそれとは別の行為をした結果として生じる**スリップ**です。ミステイクは慣れない作業に多いとされています。ミステイクは見つけることが難しく,機械的に警告する術はほとんどありません。いったん誤った目標が定められると,その目標に合致しているかどうかしか確かめられないからです。スリップは,間違った行為を行うエラー（し間違い）と,必要な行為を行わないエラー（し忘れ）があります。スリップは慣れた作業に多く現れます。

▶　**工学的な考え方**　　エラーを人間が避けられないことは明らかです。そのため,機器やシステムでは,多少のエラーをしても重大な事象に至らないように保護的な機構が備わっています。その許容範囲を逸脱するようなエラーが生じると,傷害や損害などの実害として現れます[024-3]（これがヒューマンエラー）。ただし,これは人間側に責任があるということを意味しているのではなく,人と機械との関わり方（ヒューマン・マシン・システム）の問題の解決に取り組まなければなりません。

　ヒューマンエラーをなくすためには,機械と人間との役割分担や関係性にとどまらず,チーム間でのコミュニケーションやマネジメントなども含めたシステム全体を含めた取り組みが必要となります。ヒューマンエラーを低減させる方法論としては,利用者のニーズと能力に合わせたデザインを行う人間中心設計（HCD➡**048**）があります[024-4]。

図　会議資料を印刷するときのエラー

6名の来客がある会議の準備をしており，資料を両面刷りで出席人数分を用意する必要があったのですが……

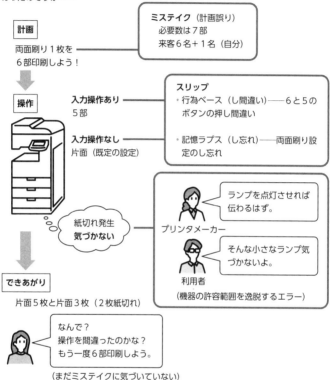

計画

両面刷り1枚を
6部印刷しよう！

ミステイク（計画誤り）
必要数は7部
来客6名＋1名（自分）

操作

入力操作あり
5部

スリップ
・行為ベース（し間違い）──6と5の
ボタンの押し間違い

入力操作なし
片面（既定の設定）

・記憶ラプス（し忘れ）──両面刷り設
定のし忘れ

紙切れ発生
気づかない

ランプを点灯させれば
伝わるはず。

プリンタメーカー

そんな小さなランプ気
づかないよ。

利用者
（機器の許容範囲を逸脱するエラー）

できあがり

片面5枚と片面3枚（2枚紙切れ）

なんで？
操作を間違ったのかな？
もう一度6部印刷しよう。

（まだミステイクに気づいていない）

心理と工学の両面を意識する

・適切な振る舞いからのズレ（心理学的な考え方）──達成すべきこと
とは異なる行動や思考によるエラー。上の例では，ミステイク，スリ
ップにあたります。
・許容範囲からのズレ（工学的な考え方）──設計などによる許容範囲
から逸脱するようなエラー。上の例では，プリンタメーカーは，見落
としやすい紙切れに気づかせるためにそれを通知する設計にしたのに，
利用者はその通知に気づいていません。

025 失敗を減らすだけでなく，成功を増やすためには

　信頼性や安全性を高めるために，さまざまな状況に応じた手順や規則を示すこと（Safety-I）は有効ですが，想定された事態への対処であるという限界があります。それに対して，状況に応じて調整できる能力を高めること（Safety-II）によってさまざまな事態へ適応できる範囲は広がります（表）。

- **Safety-I**——人間も含めたシステムの構成要素が，エラーや故障などなく適切に働いたときに安全な状態と考える。失敗や事故などの危険性は事象の組み合わせによる確率計算によって評価する。そして，失敗の原因を取り除くことによって，失敗を減らすという考え方。

- **Safety-II**——状況の変化に対して，システムが必要な動作を継続し，うまく物事が進む状態を目指す。そのため，Safety-IIはSafety-Iを含んでいる。システムが実際にどのように働いているのかを評価する。

　Safety-IとSafety-IIの違いの特徴の1つに，ヒューマンファクター（⇒**012**）への考え方・態度の違いがあります。Safety-Iでは失敗のきっかけとなる危険要素であると考えるのに対して，Safety-IIではさまざまな事態への対処に必要な要素であると考えます。言い換えると，人が予測不能なやっかいなものと考えるか，人間が臨機応変に対処できることを積極的に評価するかの違いです。ただし，臨機応変に対処する場合には，適切な状況認識やコミュニケーションなどが重要となるので，そのような力をあらかじめ身につけておく必要があります。

　Safety-IIを実現する方法の1つに**レジリエンス・エンジニアリング**（図）があります。当初は危機的状況での調整や回復などに注目されていましたが，近年では成功事例から学ぶ取り組み（学習）が注目されています。つまり，日々積み重ねられているうまくいった事例から学んで生かす取り組みが試みられています。

表　Safety-ⅠとSafety-Ⅱの対比[025-1, 025-2, 025-3]

	Safety-Ⅰ	Safety-Ⅱ
安全の定義	失敗の数が可能な限り少ないこと	成功の数が可能な限り多いこと
安全管理の原理	受動的で，何か許容できないことが起こったら対処	プロアクティブで（先取りして），連続的な発展を期待する
事故の説明	事故は失敗と機能不全により発生する	物事は結果にかかわらず基本的に同じように発生する
事故調査の目的	原因と寄与している要素を明らかにする	ときどき物事がうまくいかないことを説明するために，通常どのようにうまくいっているかを理解する
ヒューマンファクターへの態度	人間は基本的にやっかいで危険要素である	人間はシステムの柔軟性とレジリエンスの必要要素である
パフォーマンス変動の役割	有害であり，できるだけ防ぐべきである	必然的で，有用である。監視され，管理されるべきである

図　レジリエンス・エンジニアリング

レジリエンスとは[025-4]
状況に応じた柔軟な対応による安全確保と向上で，いわば現場力を指すものです。

レジリエンスの4つの要素[025-5]
・状況に応じて適切に調整できること（対処）。
・脅威や脅威となるものを監視できること（監視）。
・失敗事例や成功事例から適切に学べること（学習）。
・未来の変化とそれがもたらす結果を予期できること（予見）。

過去事例から学ぶ

成功を増やすためには，個人・チーム・組織のそれぞれに求められることは異なります。過去事例を参照して，それぞれの立場から考えてみましょう。そして，そのスキルを身につける機会をつくりましょう（➡**044**）。

ワークマネジメント②

的確な判断のための心得

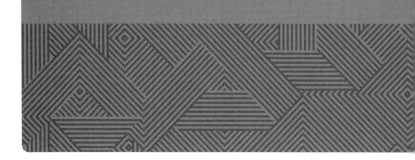

026 問題を解決するためには まず特性を把握しよう

問題解決の方法論に関する書籍はたくさんありますが，いざ実践しようとすると難しいものです。その1つの理由に，問題の特性によって有効な解決法が異なることがあります。解決しようとする問題に次のような特性があると問題解決が難しくなるとされています[026-1]（図）。

- **複雑性**──問題状況のなかに相互に関わる変数の多さのこと。初心者は複雑な問題状況に思えても，熟達者がそうではないと思うように，主観的なものとされます。

- **内部動特性**──時間が経過することで状況が動的に変化すること。時間的に状況が変化するので，意思決定の際に時間的なプレッシャーがかかることがあります。

- **不透明性**──意思決定の際に考慮すべき状況を直接確認できないこと。意思決定をする者は，報告や数値などの手がかりから状況を把握する必要があります。

- **現実モデル**──対処しようとしている問題状況の理解のこと。熟達者が勘所を押さえるような暗黙の知識もこれに当たるが，常に正しいとは限りません。

ある解決手法が，ある問題で有効であっても別の問題では有効ではないことはよくあることです。問題解決のためには，解決すべき問題の特性を見通して，それに合った解決策の選択とそれを実行できる能力が必要となります。しかし，人が処理できる情報は限られ，必ずしも合理的でない判断を行いがちです[026-2]。たとえば，成功体験が問題解決の邪魔をする場合もあります。失敗・成功事例から学ぶことも有効な方法の1つでしょう。

図　問題解決のさまざまなシミュレーション実験での
失敗・成功パターン[026-3]

失敗事例
- 重要な問題の意思決定を後回しにして，些細な問題に注力した事例（**複雑性**）。
- ある意思決定によって生じた状況の変化を軽視したために状況がさらに悪化し，それを是正するために極端な意思決定を行う事例（**内部動特性**）。
- 自らの意思決定が正しいと確信し，その効果を確認することなく不適切な判断を継続する事例（**現実モデル**）。

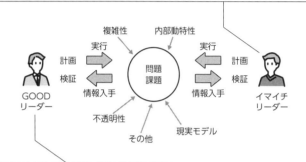

成功事例
- 問題に含まれる変数間の相互関係を考慮して意思決定を行った事例（**複雑性**）。
- 1 つの目標に対して複数の意思決定を行った事例（**複雑性**）。
- 時間的制限がない問題において，正確な状況把握によって有効な意思決定を行った事例（**不透明性**）。
- 時間的制限がある問題において，正確な状況把握よりも素早い意思決定を優先して行った事例（**不透明性，内部動特性**）。

あなたは大丈夫？

災害時の避難行動では，「10年に一度」（不透明性），「この家は大丈夫！」（現実モデル），「まだ大丈夫」（内部動特性），「避難するにも荷物を持ったら子供を抱けない」（複雑性）といったことになりかねません。予期できる問題については，どのような問題特性があるのか把握しておくとよいでしょう。問題が複雑すぎて何から手をつけたらいいかわからない場合は，ツールを活用しながら問題の特性を整理しましょう（➡**035**）。

027 直感的に当たり前と思うことが誤りであることはしばしばある

　「直感的な判断」や「労力をかけない判断」をするときは，最初に浮かんだことや，手近な情報を頼りにすることになります（**ヒューリスティック**）[027-1]。このような直感的な判断は，便利であり，たいていの場合は（間違っていても）問題を引き起こしません。しかし，陥りやすい誤りがあるため，その判断が適切であるかどうかをときに疑ってみることが必要です。たとえば，典型的なタイプを過度に一般化したり，第一印象の影響を過大に受けたり，最近聞いた新しい情報にばかり頼ったり，強い感情を喚起された情報ばかりを参考にしたりすることなどがあります。

▶ **利用可能性ヒューリスティック**　「ｋで始まる英単語は，3つ目の文字がｋである英単語より多いか[027-2]」に素直に回答するならば「はい」と答える人がほとんどではないでしょうか。これは，ｋで始まる単語のほうが3番目にｋがある単語よりも思い出しやすいために生じ，実際には3番目にｋがある単語のほうが多くあります。この問題に正確に答えるには，単語を1つずつ数えるような多くの労力が必要になります。

▶ **具体的な数値で確認する重要性**　筆者の調査では，大学生に高齢者の交通事故が増加傾向であるかを直感で判断させると約7割が「そう思う」と回答しました。その判断の根拠とした「高齢者が増えている」や，「高齢者の事故のニュースをよく見る」などには説得力はあるでしょう。しかし，年齢層別の事故データをいくつか読み取る課題を行い，実際には高齢者の事故件数は減少傾向にあることを知ると，高齢者の事故の推移の認識が変わったという回答が約8割になりました。手近な情報にもっともらしい理屈が成り立つと真実性が高まり，そのことを確かめようとは思わなくなります。当たり前のように感じる判断であっても，その根拠に注意を払い，データなどの客観的事実をもとに判断するように心がけましょう。

図　手近な情報だけを頼りにすると判断を誤る

1. ［事前質問］ 「高齢者の交通事故は近年増加傾向にあると思いますか？」

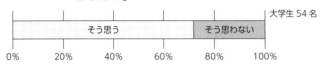

大学生 54 名

理由の自由記述の例：
- そう思う──「高齢者が増えているから」「判断力の低下」「高齢者の事故のニュースをよく見る」
- そう思わない──「車の安全性が向上しているから」

2. ［課題］ データの読み取り課題を実施

データを示して高齢者の交通事故が増加しているかなどを○×で回答させたところ……

原付以上運転者（第1当事者）の年齢層別交通事故件数の推移027-3

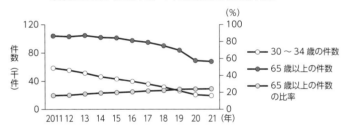

高齢者が占める比率はやや増加傾向ですが，それは高齢者の人口比率が増加しているためです。なお，10万人当たりの件数では減少傾向にあります。

3. ［再質問の結果］ データを読み取る前と後で高齢者の交通事故の推移に関する認識が変わった

（1．まったくそう思わない～ 5．非常にそう思う）

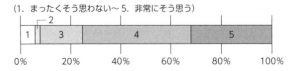

自由記述回答例：「メディア等でもここ数年，高齢者の交通事故を取り上げてることが多い気がするので高齢者の事故は増えているものと思っていたが，国のデータを見たときに実は減ってると気づいて驚いた」

028 新規企画の提案を 「リスクが高い」と 一蹴されてしまう

　業務を進めていくときには，悪い影響を与えそうなリスクをできるだけ抑えておきたいものです。**リスク**という言葉は，分野や領域によって使い方が多少異なりますが，一般的に次のような不確実性のことを指します[028-1]。

* 損失・被害が発生するかが不確実
* 損失・被害の大きさが不確実

　このリスクに気づいたり，リスクを適切に評価できるかどうかは，個人によって異なり，主観的な要素を除いて考えることはできません。専門的な知識があれば，リスクの評価を客観的に行えますが，一般の人や専門外の分野では，リスクの評価が特に主観的になりがちです。

　たとえば，航空機事故は1フライト当たりの事故率は非常に小さいですが，一般にそれ以上のリスクがあると認識されています。逆に，交通事故のリスクは実際の事故率よりも低く見積もられています。身体に被害が及ぶリスクの認知については，一般の人は「恐ろしさ因子」と「未知性因子」が影響しているとされています[028-2]（図）。

　新規企画を顧客や上司に提案するとき，客観的にリスクが許容できるレベルであったとしても，その提案に対してよくない反応が返ってくることもあるでしょう。会社の将来を考えて取り組むべき事業であるなど，目標を共有してリスクを適切に認識すること（**リスクコミュニケーション**）が大切です。リスクコミュニケーション[028-3, 028-4]は，行政と市民，企業と住民のような関係性でよく用いられる用語ですが，考え方や手法はさまざまな場面で役立つでしょう。たとえば，リスクの高い企画を担当するときには，事前に専門家や信頼されている社員との意見交換を行ってリスクなどの懸念事項について客観的に評価すること，リスクに対してどのように伝えるかの目的を明確にすること，関係者や関係部署を明らかにして伝えるべき相手を決めることなどです（➡**082**）。

図　リスク認知の2因子モデル[028-5]

人間がリスクをどのように捉えるかは，統計的に導かれた客観的なリスクの程度に加えて，どのような性質や特徴のリスクであるかによっても異なります。

	リスクを高く感じさせる	リスクを低く感じさせる
恐ろしさ因子	避けることができないこと，被害が大きい，不公平な被害，次世代にわたるリスクが高い，自発的でない	制御可能，致死的でない，被害が小さい，個人的な被害，次世代にわたるリスクが低い，自発的である
未知性因子	観察できないこと，悪影響が出るまで時間がかかること，新しいリスク，科学的に未知	観察できる，すぐに悪影響が出る，古いリスク，科学的に既知

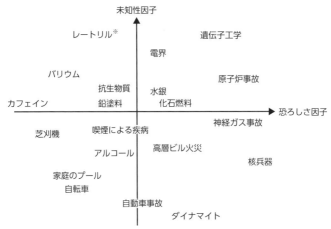

※ガンの治療薬とされたが効果はなく，現在では，中毒を引き起こす危険性があることがわかっている物質。

リスクを適切に理解するためには

客観的にリスクが低い（高い）とわかっていても，主観的にリスクが高い（低い）と感じることがあります。このとき，ミスマッチがなぜ生じるのかについて意見を交換しましょう。人のリスクの感じ方に違いがあるかもしれませんし，見過ごされていたリスクが残されているかもしれません。

029 高ストレス下の決定には何が影響する？

　私たちは，多様で膨大な情報をもとに，日々さまざまな意思決定を行っています。会社の合併，買収など社運をかけるときなど，ビジネス上の重要なことを決めるときほど，心身は高いストレス下に置かれています。また，転職や起業を考えているときは，大きなストレスがかかるでしょう。高ストレス下での意思決定には，次のような要因が影響することがわかっています。

- 過去の成功体験，タイムストレスの有無，男女差[029-1]——なんらかの重大な判断を時間的余裕がないなかで決定しなければならないときは，人は過去に良い結果が得られた方略を選ぶ傾向があることがわかっています。さらに女性はより安全な方略を，男性は大きなリターンが予想される方略を選択する傾向があります（図1）。

- 自律神経の緊張や内分泌ホルモンの変化[029-2, 029-3]——心理的ストレスを伴い，肉体的にも過酷な状況では，身体は交感神経の活動を高め，コルチゾールなどの内分泌ホルモンを放出し，危機的状況に対処しようとします（図2）。心拍や血中コルチゾール濃度が上昇すると，より危険な選択をする傾向があるほか，生理的変化を伴うストレス下では，当該問題の範囲のみに注意が集中してワーキングメモリ（➡014）の機能が低下するなどの影響があり，柔軟に問題に対処することができなくなります。

- 内受容感覚[029-4, 029-5]——自分の心拍数を正しく認識するなどの内受容感覚の精度が高いほど，適応的な意思決定を行える傾向があります。実際，内受容感覚の訓練をすると，合理的選択が増加します（図3）。

▶ **具体的な対策**　高ストレス下で重大な意思決定をするときは，「状況から生理反応に受ける影響が少ない外部機関の人に相談すること」が大切だとわかります。これで，注意範囲の狭窄が生じずに，ハイリスクや過去にとらわれた意思決定を避けることができます。また自分でも内受容感覚の訓練を行うことで非合理的決定も避けやすくなるでしょう。

図1　過去の成功体験・タイムストレス・性差

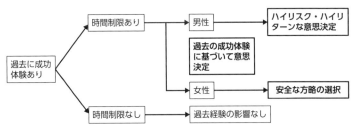

図2　ストレス下の生理反応と認知特性

図3　内受容感覚の精度

内受容感覚スコアと非合理性尺度の変化率の相関[029-6]

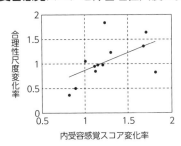

内受容感覚を訓練すると訓練前に比べて，身体症状や不安が低くなります。合理的選択が増加します。

030 論理的な考え方で業務を進めたい

　考えをまとめたり企画を立てたりするときには，**エビデンス**は重要ですが，そのエビデンスが弱かったり信頼できなければ，その考えや企画は絵に描いた餅となってしまいます。たとえば，自分の考えに沿った証拠ばかりを集めて，それをエビデンスとしていては，偏った考えであると言わざるをえないでしょう（➡**031, 032**）。

　論理的に業務を進めるためには，収集した情報や自らの経験・知識など俯瞰的に捉える必要があります。これを**批判的思考**030-1（クリティカルシンキング；図1）といい，次の4つの要素が示されています。

- 証拠に基づく偏りのない思考（明瞭さ，的確さ，正確さ，妥当性，深さ，幅，論理性，重要性，公平さ）
- 自分の思考に偏りがないか監視し，思考を制御すること
- 目的達成のため必要なときに情報を得たり，議論したり，意見を述べたりする能動的・主体的思考
- 問題解決や推論，知識などに基づく総合的思考

　また，批判的思考のスキルをもっていても，批判的思考の態度がなければ，必要なときに批判的思考を発揮することはできません。情報に踊らされずに探求心をもって分析・検討したり，客観的に考える態度を養う必要があります（図2）。

▶**「批判」にネガティブな意味はない**　　批判的思考の「批判」には個人を否定する意味は含まれていません。しかし，日本では反対意見を述べると，「個人への攻撃」として受け止められるのではないかと不安に思うものです。そのため，批判的思考の考え方をチームで共有することで自由な意見が述べられる環境を整えたり，反対意見などの指摘に応じて議論を深めるなど，論理的な思考に基づいて業務を進めましょう（➡**009**）。

図1　批判的思考のプロセス [030-2, 030-3]

1．収集した情報を明確化
　　　　（例：問題，仮説，主題を明確にする）
　↓
2．隠れた前提，推論の土台となる根拠や証拠の検討
　　　　（例：情報源の信頼性の判断）
　↓
3．論理的・分析的推論によって適切な結論を導く
　　　　（例：演繹・帰納判断，比較・統合して判断）
　↓
4．行動決定や問題解決を行う
　　　　（例：解決策の形成）

図2　批判的思考を促す教育的質問 [030-4, 030-5]

* 「これについてはどう思いますか？」
* 「なぜそう思うのですか？」
* 「あなたの知識は何に基づいているのですか？」
* 「それは何を意味し，何を前提にしていますか？」
* 「それを説明するもの，それにつながるもの，そこから導かれるものは何ですか？」
* 「あなたはそれをどのように見ていますか？」
* 「それは違う見方をすべきですか？」

これらの質問に答えるためには，論理的に業務を進めていないと答えることが難しいでしょう。

031

曖昧な考えや情報が正しいかどうかを客観的に判断したい

曖昧な情報が正しいかどうかを確かめるとき，自分の考え（仮説）に沿った事例を集めて確かめようとする傾向があります（**確証バイアス**）。たとえば，「大阪出身（p）ならば関西弁（q）である」ということを確かめたいとき，大阪出身者（p）や関西弁の人（q）の事例ばかりを集めようとする傾向です（図1）。

しかし，関西弁以外を話す人（qでない）が大阪出身（p）という事例があれば，最初に示した仮説は誤りです。つまり，関西弁以外の人（qでない）の事例に注目する必要があります（なお，「pならばq」が成り立つとき，「qでないならばpでない」を**対偶**といい必ず成り立ちます）。

また，集めた事例が正しかったとしても，それを一般化できるかどうかは，集めた事例の数が十分であるかどうかなど別に検討が必要です。

うわさ話やあまり自覚していない考えなど，「なんとなく〇〇なのかな」といったものでも前述のようなバイアスは生じるので気をつけましょう。バイアスは無意図的に生じ，バイアスがあることを知るだけでは避けることは困難です。そのため，このようなバイアスがあることを知ることに加えて，バイアスが生じやすい状況への対処法をあらかじめ身につけたり，そもそもバイアスが生じにくいように事前に対策を行うことなどによって，誤った判断を下すことは少なくなるでしょう[031-1]。

▶ **「取りあえず対偶」も1つの策**　前述の方言の例ではあからさまでしたが，抽象的な内容の問題（たとえば，**ウェイソンの4枚カード問題**[031-2]）では，さらに確証バイアスが生じやすくなるため，これを体感することができるでしょう。図2の「母音の裏は偶数」を確かめるには，少なくともA（母音）のカードと7（奇数）のカードを確かめればよいのです。

図1 確証バイアス

考え（仮説）に沿って考えようとしています。

大阪出身ならば関西弁だよね。
この新メンバーではどうかな？

新メンバー

イマイチ
リーダー1

Aさん
大阪出身

Bさん
津軽弁

Cさん
東京出身

Dさん
関西弁

Eさん
青森出身

Fさん
博多弁

Aさんは関西弁ですよ

やっぱりそうだよね。

でも，Cさんも関西弁ですよ

イマイチ
リーダー2

それは問題ないよ。ご両親が大阪出身だからね。
大阪出身でなくても，関西弁のこともあるよ。
ほら，間違ってないでしょ。

間違えているはずだけど反論できない……

確証バイアスは自分の仮説に沿った事例しか確かめようとしない傾向のこと。
この場合，関西弁でない事例（**対偶**）を調べる必要があります。
また，この新メンバーで成り立ったとしても，一般的に成り立つとは限りません。

私は大阪出身ですが，博多弁です。
そんな間違った考えは改めてください。

Fさん

図2　ウェイソンの4枚カード問題[031-3]

「母音の裏は偶数」を確かめるには少なくともどのカードを裏返す必要があるでしょうか。

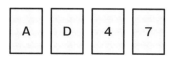

| A | D | 4 | 7 |

032

戦略の有効性を示すには
データの適切な比較が大切

新しい方策を導入したり，これまでのやり方を変更したりする判断を行うときには，過去の事例や将来の予測に基づいて意思決定することでしょう。たとえば，ある判断を行うための「客観的な根拠」として過去のデータを分析したり，新しくデータを取ることも少なくありません。しかし，せっかく集めた客観的なデータを誤って「解釈」してしまっては，それはもう客観的な根拠とはいえなくなります。

▶ **錯覚に陥らないように表を使う**　私たちは，ある判断を下したときに期待した効果があるかどうかばかりに注目しがちです。逆にいうと，その判断を下さなかったときの場合のその効果については，注目しにくい傾向があります（**妥当性の錯覚**）。

そのため，ある判断に対する効果を検討するには，**分割表**や**クロス表**と呼ばれる2×2の表形式に表すことから始まります。たとえば，弱った植物に効きそうな栄養を与えたときに回復する（効果がある）かどうかについて検討する場合（図），次のAからDの4つに分かれます。

- A：栄養あり，効果あり
- B：栄養あり，効果なし
- C：栄養なし，効果あり
- D：栄養なし，効果なし

AからDのデータのうち，どれを重要であると考えているかを調べた研究では，A＞B＞C＞Dの順で重要であると考えていることが示されました[032-1]。しかし，栄養を与えることによって効果が現れるかどうかを適切に判断するためには，AからDのすべてのデータが必要です。

▶ **業務場面では**　きちんと分割表などにまとめることができていれば，ほかの人から指摘を受けることができます。最も危険なのは，CやDのデータを不要だと判断し，データの収集すらせずに判断を下すときでしょう。ただし，CやDのデータを収集することが困難なこともあるので，その場合は別の適切な比較方法を検討しましょう。

図　効果はあるのかないのか？

弱った植物を回復させるため，栄養を植物に与えるかどうかを判断するときについて考えます。

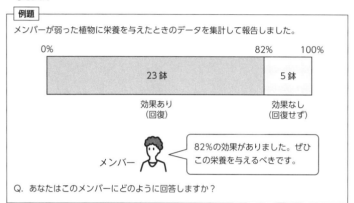

例題

メンバーが弱った植物に栄養を与えたときのデータを集計して報告しました。

| 0% | | 82% | 100% |

23鉢　　　　　　　　　　5鉢

効果あり　　　　　　効果なし
（回復）　　　　　　（回復せず）

メンバー

82%の効果がありました。ぜひこの栄養を与えるべきです。

Q. あなたはこのメンバーにどのように回答しますか？

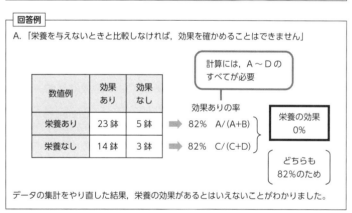

回答例

A. 「栄養を与えないときと比較しなければ，効果を確かめることはできません」

計算には，A〜Dのすべてが必要

効果ありの率

栄養の効果
0%

数値例	効果あり	効果なし		
栄養あり	23鉢	5鉢	➡	82%　A/(A+B)
栄養なし	14鉢	3鉢	➡	82%　C/(C+D)

どちらも82%のため

データの集計をやり直した結果，栄養の効果があるとはいえないことがわかりました。

数値例を見たときの代表的な誤った考え方
- Aが多い（少ない）から効果がある
- AがBより多い（少ない）から効果がある
- AがCより多い（少ない）から効果がある

なぜ誤っているか説明してみましょう。

ベストプラクティスが定まらない課題に協力して取り組むには？

業務における問題を解決するときには，試行錯誤するのではなく，その手段や目標を検討して進めるのが定石でしょう。特に他者や他部署などの協力者とともに問題を解決する場合には，手段や目標の共通認識が重要です（**→064**）。ところが実際には，解決したい問題が明らかであっても，いくつかある手段のどれを選択すれば効率的であるのか明確でなかったり，どのような目標を設定すればその問題を解決できるのかがわからなかったりすることがあります。このようなときには，協力者とともに対話しながら最適な手段や目標を設定し，問題を解決していくことになります（**協調的目標設定**）。たとえば，問題の解決に必要な業務を自分と相手のどちらが行うのかや，自分や相手の強みをどのように生かして問題に取り組むのかなどを決める必要があります。

このように，最適な手段や目標が具体的に定まらない状況で問題解決を進めるときには，最適な手段や目標が含まれるやや抽象的な目標を定め，徐々に具体的に絞り込んでいく方略がとられるようです。

▶ **コミュニケーションをとって調整していくのが効果的**　　Aさんとbさんは円盤を積み上げるゲーム（ハノイの塔）を1手ずつ交互に行い，最小の手数で2人の円盤の位置を同じにすることが目標でした（図）。ただし，AさんとBさんではスタート時の円盤の位置が異なっていたので，具体的にどの位置にどの円盤を移動させるかは，2人が協調して決める必要がありました。この課題を行っているときの発話などから，最小の回数で済む円盤の位置（**最適解**）を最初に決めるのではなく，最適解に近づくための一時的な目標に向けてゲームを進め，これを繰り返して徐々に最適解に近づいていく方略がよくとられました。この方略では，実験参加者のゲームの熟達性に関係なく最適解にたどり着くことができました。

具体的な手段や目標がはっきりせず不確定要素がある業務を他者と協調して進めるときには，最終目標への目安をつけながら，それに向けた一時的な目標を共有し，状況の変化に応じてその目標を更新していく方略をとることも1つでしょう。

図　ハノイの塔

ハノイの塔のルール
* 動かせるのは1回につき1枚
* 一番上の円盤だけ動かせる
* 小さな円盤の上に大きな円盤は積めない

大中小の3枚の円盤が
棒に刺さっている例

一般的なハノイの塔[033-1]

　定められた形（最終目標）になるように，最小回数で移動させる。**具体的な目標が明確。**

スタート時　　　　最終目標の　　　　　最終目標
　　　　　　　　途中にある
　　　　　　　　下位目標の
　　　　　　　　設定が有効

協調して解くハノイの塔[033-2]

AさんとBさんが交互に1つずつ動かして，最小回数で2人それぞれが同じ位置に同じ円盤がある状態にする。**具体的な目標を協調して決める。**

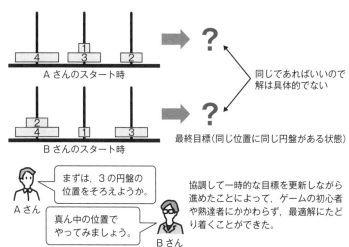

Aさんのスタート時

同じであればいいので
解は具体的でない

Bさんのスタート時

最終目標（同じ位置に同じ円盤がある状態）

まずは，3の円盤の
位置をそろえようか。

Aさん

真ん中の位置で
やってみましょう。

Bさん

協調して一時的な目標を更新しながら
進めたことによって，ゲームの初心者
や熟達者にかかわらず，最適解にたど
り着くことができた。

IV

パフォーマンス

チームを育てる

034 その場しのぎではない 本当の「効果的な改善」とは？

組織や部署の業績を伸ばしたい，そのために従業員の行動を変えたいと願うとき，実際の目標をどう据えればいいかは難しい問題です。そういうときは，目標とするチームや企業あるいは自治体を特定して，自分の組織とどこが違うかを分析してみましょう。たとえば，

- 市場や顧客をどう理解しているか
- ビジョンや戦略，その浸透方法はどうか
- 製品やサービスの設計の方法やプロセスはどうか
- マーケティングや販売の戦略はどうか
- 製品やサービスの提供の仕方はどうか
- 製品へのアクセス方法や支払い方法はどうか
- 人材の開発や育成方法はどうか
- 財務や物質的資源管理はどうか
- SDGs関連の社会的活動はどうか
- 改善や改革をどう管理しているか

などがあります。どのようなギャップがあり，なぜそれが生じるかを分析します。

ギャップと理由が明らかになれば，自分の組織のどのレベルでどういう改善が必要かを特定します。このときは，それぞれの改善を担うレベルで目標を数値化し，改善の進捗やそのプロセスを継続的に把握することが重要です。これが**ベンチマーキング**手法です（図）。ゼロックス社でベンチマーキング活動を推進したロバート・キャンプが提唱者とされています[034-1]。

この手法は，最初は製品開発の領域での業務改善に適用されてきました。1990年代には企業の資産である「知識」の発掘，蓄積，共有，創出，活用などの仕組みやプロセスをマネジメントする領域にも適用されるようになり，次第に企業だけではなく，自治体の改革にも適用されるようになっています。

図　ベンチマーキング 034-2

うちの会社のなかでも，あのチームは残業が少ない割に生産性が高いな。スケジュール調整や作業の割り当て方やツールが違うのかな。見学や聞き取りをさせてもらって，改善できるところを発見してみようかな。

内部ベンチマーキング

うちが開発したサービス市場では後発のあの企業のサービスは最近好評だな。どこが違うのかな。それともユーザー層や好みが変わってきたのかな。差を調べて新たな目標を設定してみよう。

外部ベンチマーキング

うちは在庫管理で困っている。どこか倉庫業務に卓越している企業を探し出して，何を改善すべきなのかを調べてみよう。

機能ベンチマーキング
（異業種でもよい。優れた例を特定して比較する）

注 意 点

改善には，抵抗と恐れがつきものです。従業員に改善の趣旨をよく説明し，計画と作業の推進だけではなく，明確なフィードバックを与え，相談に乗れる体制と環境を準備して臨みましょう。また，成功している企業と自社とは背景文脈が異なることが少なくありません。自社（自部署）で可能な方法をきちんと吟味してから進めましょう。

035 問題解決以前に，そもそもどうアプローチすればいいのかわからない

　問題を解決したり，より高い目標を達成したりするには，これまでのやり方を改め，新しい考えや方策を見つけ出し，それを計画的に実行する必要があります。しかし，何が原因で問題が起きているのか，そもそも何から取りかかればいいのか，わからないことがほとんどでしょう。そうした場合は，事実やデータに基づいた多様な考えから解決策を導き出すことが重要です。

▷ **新QC7つ道具**　　解決の方策がはっきりとしないときの有効なツールの1つに，品質管理（**QC**：quality control）における手法の**新QC7つ道具**があります[035-1]。

目標達成に必要な着眼点や問題の所在や原因を検討するための手法

- 多様な意見や考えなどを取りまとめる手法（**親和図法，KJ法**）
- 原因－結果の複雑な関係をひもとく手法（**連関図法**）

目的や問題を解決する手段を検討するための手法

- 目的や問題から実施可能な手段を出すための手法（**系統図法**）
- 問題点の所在を明らかにしたり，検討箇所を漏れなく比較する手法（**マトリックス図法**）

方策や計画などを実行するための手法

- 実行中の不測の事態を避けるため，考えられる事態をあらかじめ想定し，それに対する対処法を計画しておく手法（**PDPC法**：process decision program chart）
- 実行プロセスの進捗を計画・管理する手法（**アロー・ダイヤグラム法**）

その他，商品などの漠然としたイメージを数値的に分析する手法（マトリックス・データ解析法：主成分分析）があります。

　これらの手法は，問題を視覚的に整理するため，関係者から意見が集まりやすくなるでしょう。ただし，すでに念頭にある原因や手段を正当化するためにも使えてしまうため，注意が必要です（➡031）。

図 新QC7つ道具が効果を発揮するには

新QC7つ道具を使用することにより，漠然とした問題へのアプローチに対する思考の整理が促されるだけでなく，そのアプローチに至るまでの思考を視覚的に表すことができます。そのため，チームなどの関係者間でその思考を共有しながら，意見を交わすことにより，問題の効果的な解決策を検討できるようになります。新QC7つ道具の各手法の具体的な実施方法については，色々な参考書籍があります[035-2]。

事務所の倉庫が散らかっている問題への対策検討の例

連関図法により問題の要因を特定します。重要な要因を抽出し，系統図法を用いて具体的な対策を検討します。マトリックス図法により，対策の評価を行い，優先順位をつけて対策を実施します。

連関図法を用いて問題の所在や原因を可視化

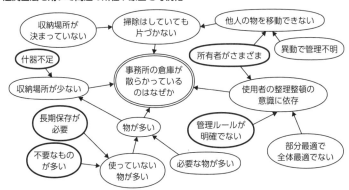

系統図法（省略）を用いて出した対策について，マトリックス図法で比較

目的	手段	対策	効果	コスト	実現性	総合
事務所の倉庫を整理整頓するためには……	所有者がさまざまであることに適した管理ルールを策定する	収納物品の記録簿を作成	○（2点）	○（2点）	○（2点）	8点
		物品に所有者を明記	○（2点）	◎（3点）	◎（3点）	18点
		個人スペースを設定する	△（1点）	○（2点）	○（2点）	4点
	什器を増やす	什器を購入する	◎（3点）	×（0点）	△（1点）	0点
		不要な什器をもらう	◎（3点）	○（2点）	△（1点）	6点
	収納する物品の数を減らす	不用品を廃棄する	◎（3点）	△（1点）	◎（3点）	9点
		長期保存物品の移動	○（2点）	○（2点）	◎（3点）	12点
		長期保存物品の期限短縮	△（1点）	○（2点）	○（2点）	4点

77

新しいアイディアを生み出すのは天才以外には無理？

　現状のビジネスに行き詰まりを感じているとき，どうしたら，**イノベーション**のきっかけになるような新たなアイディアを生み出せるのでしょうか？　そんなことができるのは特別な才能のある人だけ，とか「ひらめき」は運だ，などと思いこんでいませんか。

　イノベーションの機会は，主に次の3つの日常生活のなかに潜んでいるそうです[036-1]。①予期せぬ成功（あるいは失敗）の利用，②あるべき姿と現実とのギャップを探す，③潜在的なニーズを探す，です。これらのチャンスを作り出す思考ツールを2つ紹介します。

- **フューチャーマッピング**——未来の自分（フューチャーセルフ）の「ありたい姿」を想定して，未来から現在に流れる波を描き，未来と現在のギャップを埋める物語をつくるという逆算的思考法ツールです[036-2, 036-3]。人が未来の自分とつながっていると感じると将来に備えて準備し，健全かつ倫理的な決定を下し，意思決定を改善するようになるといいます[036-4]。フューチャーマッピングでは，未来への物語を語りながら，課題解決のための創発的思考プロセスを体験できます。

- **ジーニアス（天才）コード**——イメージから着想を得て，新たな問題解決策につながるアイディアを提示する，メタファ思考を用いたブレインストーミング手法です。U理論（図）をもとに開発されたもので，研修教材として提供されています[036-5]。U理論ではまず，既存の判断，こだわり，恐れを手放し，意識変容するステップを経ます（Uの前半）。恐れを手放したとき，潜在的なニーズが活性化し，イメージとして湧き上がります（Uの底）。そのイメージをただ迎え入れて，行動変容につなげます（Uの後半）。ジーニアスコードでは，事例のように身体的リラクゼーションとさまざまなイメージの運用手法によって，このUプロセスを促進します。

　新たなアイディア創出の鍵は，「ひらめき」のために必要な環境と認知プロセスの法則に気づくことです。

図　ジーニアスコード

背景となるU理論[036-6]

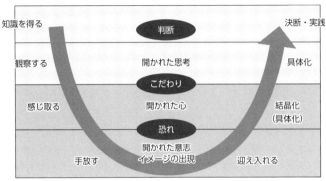

簡略化した仮想事例[036-7]

* 質問設定──イエス・ノーで答えられるものでなく，自由な答えを表現できるようにする。自分を主語として，肯定的・積極的に取り組める発想にしましょう。

  × 「どうしたら，ツアー旅行商品が売れるのか」

  ○ 「国内ツアー旅行商品の売り上げを伸ばすために，今，チームでできることはなにか」

* リラックス──質問内容を忘れて，深呼吸，横になるなどでして，リラックスしましょう。

* イメージストリーミング──ただイメージが次々と浮かぶままにしましょう（3回ほど繰り返す）。

  例：海辺で船を見ている，犬と散歩している老人がいる，不思議な形態の貝殻……

* イメージの報告──浮かんだイメージを思い出し，絵に描く，声に出すなどして説明しましょう。

* イメージの解釈──最後に出てきたイメージ，違和感のある意外なイメージを取り上げましょう。

  最初の質問に関連づけて実践できるアイディアを考えましょう（2人で話しあうと幅広い発想が得られます）。

  船 ➡ 海外代店との連携，インバウンド，……

  犬 ➡ ペット同伴旅行ツアー，……

  貝殻 ➡ 潮干狩り体験，海鮮料理を取り入れる，……

037 スター社員がいない職場で成果をあげるには？

「優秀な人材がいない」「スター社員がいない」から，職場の成果があがらない，という声をよく聞きます。確かに，優秀な人材がいる場合，そうでない場合と比較して仕事が円滑に回る印象があるかもしれません。

しかし実際は，**スター人材**の存在は職場に正負双方の作用を与えることが知られています。たとえば，スター社員の存在による直接効果として，彼らが提案する新規性の高いアイディアがチームの創造性や活動の効率を高めるという利点がある一方で，スター人材への過度の依存が生じることで，残りのメンバーが自ら何かを生み出したり，学習する意欲や能力を失うという弊害も指摘されています（表）。また，スター人材を模倣対象と思えば喚起されうる組織メンバーによる学習も，相手を自分とかけ離れた存在と捉えると，むしろ学習が阻害されてしまうことを明らかにしている研究もあります。つまり，どちらの影響がより強く現れるかで，職場の成果は大きく変わってくるのです。

このほか，スター人材も実は1人で高い成果をあげているわけではないという主張もあります[037-1]。新事業を起こす目的で人材の引き抜きをすると，最初のうち，期待に反してその人物が成果をあげられないことは多々あります。特に，スター人材を単独で引き抜いた場合，スター人材を含むチーム単位で引き抜いた場合と比較すると，より長期間マイナスの影響が続くことが示されています。このことから，スター人材がスター人材でいられるのは周囲の助けや社会資本があってこそ，と考えることもできます。

そのように考えると，スター人材の不在を嘆くよりも，すべてのごく普通のメンバーが，組織成果に貢献できる方法を考えるほうがよほど建設的で有意義といえます。たとえば，必要とされるときに必要なリーダーシップを自ら発揮する一方で，誰かがリーダーシップを発揮しているときは，今度は進んで**フォロワーシップ**に徹する状態と定義される**シェアド・リーダーシップ**（図）を全メンバーが目指すほうが有効です。

表 スター人材の存在の功罪[037-2]

利点	問題点
• チームに新たなアイディアをもたらすことで，チームの創造性が高まる • 特に，ネットワークの中心部分にいると，チームの統合者の役割を果たす • 何をどう協働すべきかメンバーに学習機会を与え，全体の活動を効率化する	• メンバーがスターのアイディアに依存し，自ら学習しなくなる • 迅速で効率的な意思決定はできるが，スターが提示した以外の案や，代替案を考える意欲や能力が失われる

図 シェアド・リーダーシップと職場成果の関係[037-3]

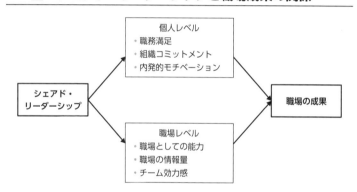

互いに得意分野をもつ

スター人材がいないことを補うためのシェアド・リーダーシップを機能させるためには，自分が何かしらリーダーシップをとれるスキル・得意分野をもつことが望ましいと考えられます。業務内容に直接かかわることだけでなく，職場の雰囲気を和ませる，互いのコミュニケーションを促進するなどの役割を果たすことも，1つの得意分野になるといえます。

038 会議やディスカッションを実りあるものにしたい

　グループ・ディスカッションの優れた点は，各参加者から集まるユニークな意見により，個人だけでは得られない多様な情報を活用し，質の高い意思決定が可能になることとされます。しかし，実際にはそうした理想的な状態に到達するのは稀だということがある有名な実験結果をもとに主張されています。

　その実験では，4人グループをつくり，ポジティブ・中立・ネガティブの3種類の情報を与えられた3人の候補者のなかから最も優れた者を選びます。最初から各候補者に関わる16個すべての情報を与えられたグループは，望ましい特性をより多く備えた候補者Aを正しく選出できます。しかし，表のように，Aに関する情報の一部しか各メンバーに与えられていない非共有のグループ（4名のメンバーのそれぞれは本来8つあるAの特性に関する情報のうち，2つずつしか受けとっていない）では，候補者Bを選んでしまいます。実はメンバー全員の情報を集めれば，すべての情報を与えられたグループと同じ情報量をもつように設計されているにもかかわらず，最初の情報の偏りを正すことができないのです。このように，グループ内で十分な情報交換がされないと，期待された効果を発揮できません。この現象は，**隠されたプロフィール現象**と呼ばれます。

　この問題を回避するには，最初からメンバー間で可能な限り多くの情報を共有することが必要とされます[038-1]。また，匿名性が保て，発言する順番を待たずに自分の意見を表明できる情報支援システムを使うことでも効果があるとされます。それによって，積極的な情報交換の障害となる**プロダクション・ブロッキング**（順番を待っているうちに内容を忘れる，他者の意見を聞いて自分の意見をひっこめるなど）を防げると考えられるためです。なお，単にコンセンサスにたどり着けばいいわけでなく，明確な答えが存在するタスクの場合，もともと存在するはずの答えを探し出そうとして，メンバーが互いに情報交換や探索を積極的に行う傾向が見出せることが，別の研究結果から明らかになっています。

表　隠されたプロフィール[038-2]

各メンバーが受け取った内容例

	候補者A	候補者B
山田さんが与えられた情報	①誠実，②朗らか	①誠実，③行動力 ⑤向上心，⑧親切
木村さんが与えられた情報	③行動力，④勤勉	①誠実，③行動力 ⑤向上心，⑧親切
森川さんが与えられた情報	⑤向上心，⑥礼儀	①誠実，③行動力 ⑤向上心，⑧親切
加藤さんが与えられた情報	⑦忍耐力，⑧親切	①誠実，③行動力 ⑤向上心，⑧親切

①～⑧という8つあるAの特性のうち，2つだけしか（たとえば山田さんの場合①と②のみ）情報が与えられないと，特性4つ（①，③，⑤，⑧）すべてを与えられているBと比べて，投票者は本来Aを選ぶべきところ，Bのほうが優れた面をより多くもつと誤解して，Bを選びがちになります。

図　タスク内容による違い[038-3]

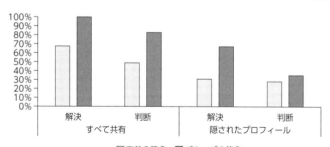

□ 事前の答え　■ グループの答え

「解決」は明確な答えがあるタスク，「判断」は明確な答えがないため一定のコンセンサスにたどり着けばよいと皆が考えるタスクの意味です。

039 「『自分ごと』にするだけで職場はうまく回る」は本当か?

　決められた仕事や指示されたことはきちんと遂行するものの,職場のメンバーがどこか受け身で自主性に欠けるとき,その原因を**自分ごと**になっていないことに見出す傾向がよくみられます。この「自分ごと」は,**当事者意識**という言葉でも表されます。

　確かに,1人ひとりの従業員が当事者意識(オーナーシップ)をもつことで,それぞれの**ワーク・エンゲージメント**(仕事に対するポジティブな心理状態→069,080,088)は高まり,勤勉さや創意工夫も高まることが知られています。しかし,当事者意識さえもたせれば,職場の問題がすべて解決できると考えるのは早計です。

　たとえば当事者意識という言葉が使われるとき,見落とされがちなダーク・サイド,いわゆる負の側面に焦点をあてた研究もあります(図1)。一般的には高いほうが望ましい当事者意識ですが,それが望ましくない方向に働くと,自分の知識を囲い込む行動や非生産的な競争,自分の領域を組織の他者から守ろうとする**縄張り行動**などが確認されるようになります。そのような行動は,利益を積極的に求めようとする組織メンバーより,損失を回避することを重視するメンバーに生じやすくなることが明らかにされています。つまり,当事者意識が高いからこそ,損失を被りたくない。だから自分の縄張りを守ろうとする,他者と協力しない,という行動が発生してしまうのです。このことから,当事者意識を高めるだけでは不十分で,そうした性格の従業員に対するケアも必要であることがわかります。

　こうした問題の対策には,**関わりあう職場**の考え方が役立つ可能性があります(図2)。これは,組織メンバー個人が自律的に行動するには,自己完結的に仕事を設計するよりも,共通の目標をもち,**相互依存性**を高めあいながら仕事ができるような職場を設計することが必要だという主張です。そうした職場では,個人主義的な行動がもたらす負の結果を抑制できると考えられているからです。

図1　当事者意識と縄張り行動[039-1]

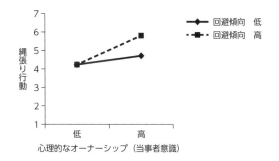

縦軸: 縄張り行動
横軸: 心理的なオーナーシップ（当事者意識）

凡例: 回避傾向　低／回避傾向　高

図2　関わりあう職場が可能にするもの[039-2]

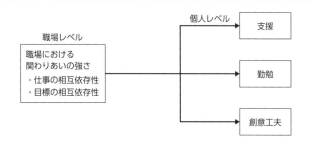

個人レベル

職場レベル

職場における
関わりあいの強さ
・仕事の相互依存性
・目標の相互依存性

支援

勤勉

創意工夫

自分ごとにするために

自分ごとにしすぎるあまり，縄張り行動のような負の面が生じることは確かですが，部下が自分ごとでなく他人事のような職務態度でいると職場にとって，もしくは，上司にとって物足りないのは間違いありません。そこで，部下にフィードバックを行い，現在の立ち位置と望まれる状態とのギャップを正しく把握してもらったうえで，そのギャップを埋める手助けを，上司は積極的に行う必要があるでしょう。また，組織のパーパスを理解させ，それと部下個人の目標との関係性を考えるという形の併走も効果的と考えられています。

040 部下がユーザーや社会に貢献する思いをもって働けるようにするには？

近年，仕事を通じて同僚や顧客などの他者に良い影響を与えたと実感する経験（**プロソーシャル・インパクト**）[040-1]が注目されています。

組織心理学者のグラントは，コールセンター経営者から，大学への寄付を募る電話をかけるオペレーターの多くが仕事への熱意を失い2カ月で辞める状況を改善したいと相談されました。そこで受益者（奨学生）を用いた実験が行われました（図1）。

オペレーターたちは，ランダムに3群に分けられました。

- 奨学生に対面でお礼を伝えられる条件
- 同じ内容のお礼が手紙で伝えられる条件
- メッセージは何も伝えられない条件

1カ月後に全オペレータの電話をかけた時間（モチベーションの強さ）と寄付金額が測定されました。対面でお礼をいわれたグループの1回の電話時間は，他の2グループの3倍になり，1週間分の寄付金額は，実験前の約3倍の増加になりました。

奨学生の生の声を聞いたオペレーターはやりがいが高まり，奨学生のために頑張ろうという思いを強くし，生き生きと働くようになったのです。受益者の存在をじかに感じ取ることが，強いプロソーシャル・インパクトを生み出し，仕事に良い影響を与えたことがわかります。

他に，ライフガードを対象とした実験で，先輩が溺れた人を救助したエピソードを聞いたグループは，エピソードの披露がないグループよりも仕事への熱意が強まり，救助活動の質も上がりました。また，消防官の場合でも，仕事をやってよかったと思う経験としてあがったのは，「お礼・感謝をされたとき」が圧倒的に多く，成果として「消火・救出できたとき」を大きく上まわりました[040-2]。

自分の仕事がこういう人々の役に立っているという具体的なフィードバック（➡**041**）は，熱意にも仕事の質にも影響を与えます。

図1　グラントの実験：コールセンターのオペレーター⁰⁴⁰⁻³

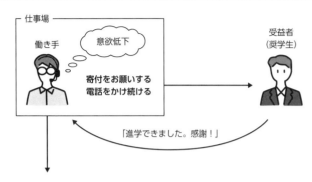

- プロソーシャル・モチベーションUP！
- 仕事への意欲UP！
- 仕事の成果UP！

図2　グラントの実験：放射線科医⁰⁴⁰⁻⁴

- 対象者：放射線科医
  普段は受益者である患者さんに会うことがなく，X線写真を見て，病気の診断を下す。
- 実験で工夫したこと：X線写真に患者さんの写真を添えた。
- 結果：診断のレポートが普段に比べて29％長くなり，その正確性は46％向上した。

人間を相手にしているという意味が大切

診断の正確性が増したとは，実験とのこととはいえ，ちょっと怖いですね。重要なことは，仕事の受益者の声やエピソードに触れる機会を働き手に提供すると，働き手は受益者らの反応を実感でき，仕事への使命感が高まり，仕事の質やパフォーマンスが向上することです。

041 部下にフィードバックが響かない

　仕事を完了した際，担当者がそのパフォーマンスの有効性に関して，明確な情報を得られること，いわゆる**フィードバック**の提供は，部下のマネジメントに不可欠なこととされています。担当者が自身の仕事への評価，特に不十分な点を知ることによって，より適切な行動をとることが可能になるからです。

　ハックマンとオールダムによる，有名な**職務特性モデル**では，職務へのモチベーションを高めるうえで必要とされる中核的な職務次元が5つ挙げられていますが，フィードバックはその1つです（図1）。

　実際，管理者の多くは，部下から少なくとも一度は，フィードバックを求められた経験があるに違いありません。部下は自分の仕事への評価を知りたがっているのです。そのため，近年流行りの「1on1」も，フィードバックの場としてよく活用されています。

　一方，部下が求めるから正直に，もしくは詳細にフィードバックをしたのに，仕事ぶりが改善しないだけでなく，部下との関係性まで悪くなってしまった，という話もよく聞きます。

　そうした状況は，部下が真に求めるフィードバックというものを，評価者が十分に理解していないために起こると考えられます。たとえば，ある研究によれば，部下が求めているのは，自分の価値を肯定・再認識できるようなフィードバックであり，たとえ上司の目からみて正しい判断・評価だったとしても，部下の考える自身の価値を損なうだけのものであると，かえってやる気を失ってしまうと説明しています[041-1]。そのため，その研究では，良いところを褒める**ポジティブ・フィードバック**と悪いところを指摘する**ネガティブ・フィードバック**の割合は，少なくとも3対1がよい，多い場合には6対1くらいでもよいと提案しています。

　こうした傾向は，新入社員を対象に実施した日本能率協会マネジメントセンターの調査結果（図2）からも確認することができます。

図1　職務特性モデル[041-2]

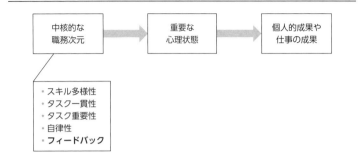

中核的な職務次元 → 重要な心理状態 → 個人的成果や仕事の成果

- スキル多様性
- タスク一貫性
- タスク重要性
- 自律性
- **フィードバック**

図2　指導方法について[041-3]

質問項目「自分はどのように指導されることで，成長していけると考えますか」

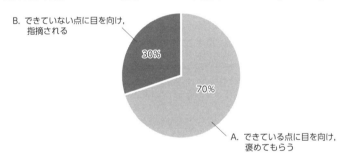

B. できていない点に目を向け，指摘される　30%

70%

A. できている点に目を向け，褒めてもらう

学習につながるフィードバック

組織や組織メンバー個人の学習につながるフィードバックは，どちらかといえば，できていることを伝えるよりも，できていないことを伝えるほうです。しかし，個人には自己防衛本能があり，自分が批判されたと感じると，自身を守るために，心を閉ざしてしまうことが多いのです。そうなっては，学習どころではありません。近年，心理的安全（➡**009，022，070**）の確保が重要だと主張されるのも，それが理由です。伝えるべきことは伝えるが，まずは学習の出発点に立たせるために，上司は「褒める」こともタイミングよく行う必要があるのです。

042

チームメンバーの業務に関する
スキルを高めたい

個々の**スキル**（技能）の上達があってこそ，チームで力を合わせたときの成果がさらに高くなります。スキルが高い状態を正しく知ることで，チームメンバーに高いレベルのスキルを発揮してもらうためのサポートをより効果的にできるでしょう。

「スキルが高い」とは，単に物事を速く正確にできるということではありません。同じようでいて日々少し異なる状況に対して，柔軟に対応できて信頼性が高い状態で初めて「スキルが高い」といえます。

このような高いスキルを発揮するためには，実行したことに対する結果（フィードバック➡**041**）の認識，誤りがないかの確認，先の状態の予測などの処理が必要です[042-1]。

スキルが低いときには，これらの処理の1つひとつに注意を払わないとできませんが（**制御的処理**），スキルが高くなると，意図的に注意を向けることなくできるようになります（**自動的処理**）[042-2]。このような自動的処理が可能となるには，数千や数万回といった練習や経験が必要です（スキルの獲得➡**086**）。

また，高いスキルをもつ人は自動的処理に負う部分が多くなるため，自身がどのようにスキルを発揮しているかを自覚しにくくなります[042-3]。もし，あなたがパソコンで文字入力をするときにキーボードを見ずに入力できるなら，キーボードについて熟知しているといえます。しかし，キーボード上のアルファベットの並びのなかで，一番右下にあるアルファベットは何か答えることは困難でしょう[042-4]（正答率26％）。このような質問によって，自身のスキルをどのように発揮しているのかわかっていないことに気づくことができます。そのため，高いスキルをもつ人がサポートするときには，自身にとって「当たり前」という認識を改めて，スキルの低い人がどこでつまずいているのかを理解し，スキルレベルに応じたサポートを行うように心がけましょう。

図　スキル（技能）とは

タイピングスキルの例[042-5]

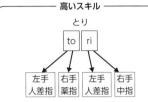

低いスキル

とり

| t | o | r | i |

| 左手
人差指 | 右手
薬指 | 左手
人差指 | 右手
中指 |

➡一文字ずつ入力している
入力ごとに，文字の認識，入力動作，表示の確認のそれぞれに注意を意図的に配分している。

高いスキルの人が「当たり前」がそうでないことを自覚するとき

- 自動生成されたパスワードのようなランダムな文字列を入力するとき，予測ができず入力が遅く不正確になる。
- キーボードを使いこなせても，キーの配置を完全には思い出せない。

高いスキル

とり

| to | ri |

| 左手
人差指 | 右手
薬指 | 左手
人差指 | 右手
中指 |

➡複数の指がまとめて動いている
入力に注意を意図的に向けなくてもできる。

より高度な熟達者
キーボードを見なくても入力が可能であり，その状態で入力中の入力誤りに気づくことができる（視覚に頼ることなく，指からのフィードバックによって意図した動きと異なるかどうかを認識できる）。

高スキル者は「先読み」をしている

高いスキルを発揮できる人は，豊富な知識やさまざまな手がかり（フィードバックなど）をもとにした高い精度の予測をしています。初心者がいきなり真似してもできないことが多いので，スキルレベルに合わせた学習や経験を積むことが大切です。

043

メンバーの学びが組織にあまり生かされない

従業員がいくら学習活動を展開しても，企業側がそれを十分には活用してくれない，まったく顧みないことがあります。当然ながら，そうなっては本来得られたはずの成果も無に帰してしまいます。

組織の学習活動がたどるプロセスは，「個人の信念」から始まる**組織学習サイクル**として描けます（図1）。このモデルでは，組織学習が成果をあげるためには，このサイクルを途切れることなく回し続けることが大事とされています。しかし同時に，各ボックスをつなぐ矢印は非常に途切れやすいことも指摘されています。

ここで問題として挙げた，メンバーの学習の結果を組織が顧みないという状態は，このモデルでいえば，「個人の行為」と「組織の行為」との断絶に該当します。これを**傍観者的学習**と呼びます。たとえ組織が表向き，もしくは公式的には従業員に学習活動を奨励していても，上司や経営陣がその学習活動や成果を受け入れない態度でいては，成果が望めません。また，**学習された無力感**（⇒**079**）にもつながりかねません。

では，こうした断絶を生まないために必要なことは何でしょう。対策の1つとしては，経営陣や上司が積極的に現場の学習を吸い上げる，より豊かな意味づけをして別の場所で展開してみるなどが挙げられます。また，現場サイドの対策には，対外活動のタイプに着目した研究が参考になります（図2）。

その調査では，チームの対外活動には，4タイプあることが示されています。成果をあげたチームは，そのうちの2タイプ，すなわちトップマネジメントに垂直的なコミュニケーションをとる**大使型**と，他の部署やチームに水平的な働きかけをする**タスク調整型**を併用した**総合型戦略**をとっていることがわかりました。なお，残りの2タイプは「偵察型」と「防衛型」と名づけられています。

このことから，自分たちの学習活動を組織成果につなげるには，少なくとも初期には，自らの活動の価値や必要となる組織資源について，上層部に能動的に働きかけることが重要になるといえます。

図1　組織学習サイクル[043-1]

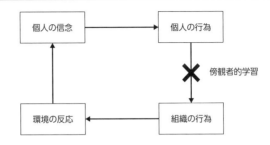

図2　対外活動と戦略の関係[043-2]

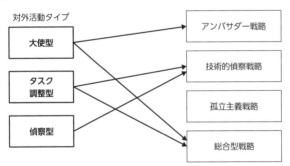

矢印は影響があると統計的に確認されている関係を意味します。また，元論文では4つ目の対外活動タイプとして「防衛型」も挙げられていますが，この図では除いています。

044 メンバーには,スキルを習得したらチーム内でもそれを発揮してほしい

　座学やeラーニングで知識やスキル（⇒042）を習得しても,実践で使えるものになるとは限りません。また,OJTのように習得したスキルを業務で活用する機会を設けても,たいていの場合は表面的なスキル活用にとどまりがちです。いざ,新規の業務や突発的な異常時の対応を要するときには,学んだことを発揮できないという状態になりかねません。

　ノンテクニカル・スキルは,専門的なスキルや技術的なスキルなどの個別のテクニカル・スキル（⇒011）をチームで発揮するための社会的スキルが含まれています。ノンテクニカル・スキルの代表的な要素は,**状況認識,意思決定,コミュニケーションとチームワーク,タスクマネジメント**の4つです[044-1, 044-2]（図）。

　異常時のみならず日常業務においてもノンテクニカル・スキルは重要です。たとえば,マニュアル通りやスケジュール通りに業務を進めるためには,不具合に気づく状況認識やそれを共有するコミュニケーションを要します。また,業務を効率的に遂行するタスクマネジメントや適した方策を採用する意思決定などの要素が必要です。

　また,ノンテクニカル・スキルの概念を理解できても,実践することとは異なります。ノンテクニカル・スキルを高めるためには,訓練によって実際に体験し,それを振り返ることが効果的です。航空業界をはじめとした高い安全性が求められるところでは,異常事態を想定した事態に対してチームで対処する訓練が行われ,ノンテクニカル・スキルを高めています。

　個人の取り組みでもこのようなスキルは高められます。業務などにおける経験に対してどのような学びが有効かを調べた研究[044-3]では,新しい経験に対する挑戦性,他の人の考えを積極的に取り入れる柔軟性,実施したことに対する状況変化の監視と活用,経験に類似した状況への活用とメンバーなどへの伝達が示されています。一朝一夕で身につくものではなく,効果が現れるまで10年かかるともされるので自身の状況に適した学びを継続することが必要です。

図　ノンテクニカル・スキルの代表的な4つの要素[044-4, 044-5]

- **状況認識**——状況を捉えるための積極的な情報収集，メンバーがどのような行動をしているのかの把握など➡**001, 011, 026**
- **意思決定**——問題の特定と診断，複数の対処策の生成，リスク評価と対処策の選択，結果の検討など➡**011, 029, 033**
- **コミュニケーションとチームワーク**——効果的に意思や要求を伝える（アサーション），メンバー間の思いやりや支援など➡**058, 059**
- **タスクマネジメント**——計画と解決にメンバーを参加させる，メンバーへの役割分担と調整，解決に要する時間を確保するなど➡**020, 021**

日常業務で発揮されるノンテクニカル・スキルの事例

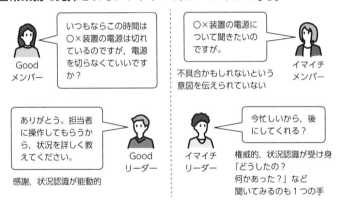

Good
メンバー
「いつもならこの時間は○×装置の電源は切れているのですが，電源を切らなくていいですか？」

イマイチ
メンバー
「○×装置の電源について聞きたいのですが。」
不具合かもしれないという意図を伝えられていない

Good
リーダー
「ありがとう。担当者に操作してもらうから，状況を詳しく教えてください。」
感謝，状況認識が能動的

イマイチ
リーダー
「今忙しいから，後にしてくれる？」
権威的，状況認識が受け身
「どうしたの？何かあった？」など聞いてみるのも1つの手

航空業界発の訓練法

ノンテクニカル・スキルの概念に注目し，訓練プログラム（クルー・リソース・マネジメント：CRM）を導入し始めたのは航空業界です。高い安全性を確保するために，いかなる状況でも最良のパフォーマンスを発揮するために開発されました。現在では船舶・鉄道，発電プラントなどで実施されています。CRMを行うことによって，新しく組んだチームであっても問題に対して効果的に対処できることが示されています[044-6]。

045 属人化した知識が共有されず 生産性が低い

　上司が特定の人を長く1つのポジションに据え置いた結果，「○○さんがいないと勝手がわからない」といった業務が生まれることがあります。当の本人も一種のやりがいや誇りを感じることがあります。しかし，本当に○○さんしかわからないような**ブラックボックス**化した業務が放置されている場合，その部署はリスクマネジメントが欠落していることになります。

　さらに，自分の**暗黙知**を**形式知**（誰もが利用可能な形になった知）に変換しないことは，一種の職務怠慢とみなされるようになってきています。

　別の観点として，1つの仕事に長く据え置かれる事態は，女性に多い傾向があります。さて，彼女たちが管理職や上級職に挑戦しようとし，上司も彼女たちを推薦する場合でも，審査では往々にして「彼女には幅広い業務経験が足りない」「視野が狭い」と言われ，低い評価を受けがちです。

▶ **マニュアル化の重要性**　　仕事を囲い込んでブラックボックス化せず，誰もがわかる形で**マニュアル化**（知識の**外在化**）を行い，自分はより挑戦性のある業務に向かうほうが，自分も組織も生産性が上がります。上司にはそういう貢献を促す采配が求められます。

　マニュアル化のためには，自分の知識を整理して構造化し直し，当該手続きの理由を明確にする必要性に迫られます（図）。こういった整理，再構造化，省察的な見直し等が，従来の方法に対する理解を深めるだけではなく，改善点を発見するきっかけにもなります。

　マニュアル化は，一見すると手間がかかるように思えます。しかし，マニュアル化が根づくと，ある種の知識に人が張りつく必要がなくなり，効率的で生産的な業務改善につながります。上司はそういう利点を説明し，時間を与え，誰もがアクセス可能な知識を明文化するよう奨励しましょう。

図　説明することが理解に与える影響の実験[045-1]

参加者：大学生106名

学習教材：対数の法則に関連する確率の教材

- 条件1——中学生（知識のない人）に説明するつもりで解説を書く。
- 条件2——自分に説明するつもりで解説を書く。
- 条件3——よく理解できるように読み返しながら学ぶ。

条件1　　　　　　　条件2　　　　　　　条件3

事後テスト

- 基礎テスト——学習教材内に記載された事柄を問う問題
- 応用テスト——教材内容から推論する必要のある問題

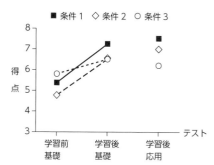

■ 条件1　◇ 条件2　○ 条件3

条件1と条件3は統計的に確かな差があり、人に説明するつもりで書く（外在化する）ことは、理解を深める効果があります。

マニュアル化とデジタル化

マニュアル化はあいまいな点を明確にして生産性を高めるだけではなく、デジタル化を進める場合にも役立ちます。

046

スキマ時間を活用して
効果的に学習するには？

　必要な資格取得のための勉強や新たに任された業務の習得などをしたくても，忙しいためにまとまった時間をとることは難しいものです。そのため，通勤時や待ち時間などのスキマ時間で少しずつしか学習を進めることができず，学習の効率が上がらないと思ったり，やる気も下がりがちになったりしていませんか。

　学習の研究では，学習と学習の時間をおいて少しずつ進める**分散学習**のほうが，まとめて学習する**集中学習**に比べて効率が良いとされています。しかし，一般的には集中学習のほうが，分散学習よりも効果的であると考えられがちです。

- 分散学習——学習と学習との時間間隔をあけて繰り返し学習する方法。
- 集中学習——まとまった時間で集中的に繰り返し学習する方法。

　分散学習の効率の良いところは，学習から時間間隔をあけた後に再び思い出すことを繰り返すことによって，学習内容が思い出しやすくなるためです（**再活性化説**[046-1]）。言い換えると，学習の時間間隔をあけることによって覚えた内容を，いったん少し忘れることが効果的な学習には必要であるといえます。

　分散学習をより効果的にするには，学習と学習との時間間隔を，初めての内容や難しい事項のときには比較的短くして繰り返すのが良いとされています[046-2]。また，ある程度覚えられた内容に関しては，比較的長い間隔で復習する機会を設けて記憶を定着させましょう。

　学習スケジュールを立てる際には，新しく「覚える」学習のスケジュールばかりを考えがちですが，学習の進度に応じて復習やテストなどの「思い出す」学習のスケジュールを組み合わせるようにしましょう。

図 一夜漬けは学習直後にしか効果はない[046-3]

科学レポートを読んで，どれだけ理解し覚えられているかを調べました。2回連続して科学レポートを読んだ（集中学習）とき，読んだ直後のテスト成績は良いものの，2日後のテストでは1回読んだときとほとんど成績は変わりませんでした。それに対して，科学レポートを1回読んだ1週間後にもう一度読んだ（分散学習）ときは，学習の2日後のテストの成績がよく，学習が保たれていました。

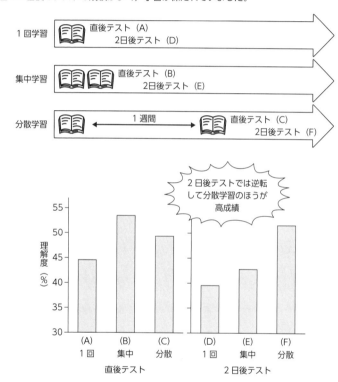

テスト効果

テストすること自体が記憶の定着を促す効果。正誤のフィードバックがなくても効果が生じ，思い出すこと自体によって記憶が促されます。

047

研修を効果的にするためには どうしたらよいか?

　従業員のスキルや意識の向上を目指して公式的な研修プログラムを用意しても，研修は机上の空論であり，実務には役立たないと考える人々がいます。確かに，自らが苦労して経験するなかで身につけた知識やスキルは具体的で忘れにくいものですが，私たちは研修からも多くのことを学ぶことができます。

　そのためには，受講者は漫然と研修に参加するのでなく，図1の**経験学習サイクルモデル**に示されているように，研修で学んだことをもとに自らの経験を振り返ったり（**内省的な観察**），その知識を能動的に業務に生かしてみたり（**能動的な実験**）することが不可欠です。したがって，研修担当者や上司は，受講者がこうしたサイクルを回せるよう，支援することが大切になります。

　また，研修には必要な知識やスキルを習得させることに加え，社会化を促進する効果も期待されています。たとえば，新入社員の研修の効果に関する研究で，制度的な社会化を図ることが，組織や個人にどのような影響を及ぼすかについて検証したものがあります（図2）。その結果，研修を通じて社会的な制度化を図ることは，新入社員の学習をはじめとして，職務満足や業績の向上などのさまざまな好ましい効果をもたらすことが確認されました。

　ただし，注意点もあります。研修を徹底するほど，新人は自らの役割を固定的に捉えるようになり，その結果として挑戦を減らす傾向も見出せたのです（➡**007**）。

　そのほか，そもそも研修担当者や上司が，研修など実際にはあまり役に立たないと思いながら，受講者を研修に送り出している場合，受講者は敏感にその「建前」と「本音」の違いを見抜くといわれます。そうなると，受講者は，上司たちの本音を重視して，研修にはほどほどにしかつきあわないことも起こります。いわゆる，**隠れたカリキュラム**[047-1]が足を引っ張るのです。したがって，研修を有意義に生かすためにはこうした点に十分注意することも大切になります。

図1　経験学習サイクルモデル[047-2]

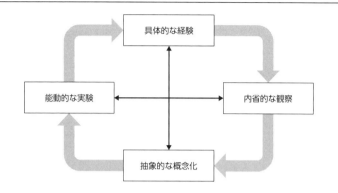

図2　学習・業績への社会化の影響[047-3]

実線の矢印はプラス，破線の矢印はマイナスの関係

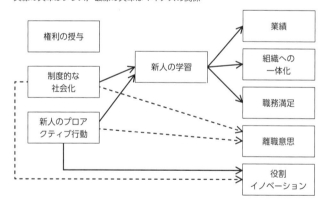

研修を最大限に生かす

研修に行っている間は日常の業務ができないため，単なるコスト，もしくは休暇と似たようなもの，と捉える人々もいます。しかし，それでは本来の目的を何ひとつ達成できず，大変もったいないことといえます。研修を最大限に生かすことで，個人にも組織にも成果をもたらしましょう。

V

マーケティング

商品の魅力を感じてもらうために

048 顧客やエンドユーザーにとっての価値や課題を発見する良い方法は？

　従来は市場調査を行い，市場で求められているものを戦略的に利用する方法がとられてきました。しかし，生活や仕事の現場で何が「課題」であり，何が求められているかは，本人も気づかないことが多く，また言語化することも困難です。

　そこで「現場」に潜む要求や課題を，調査者が現場に参入して注意深く観察し，どういう文脈で何が課題かを探り，図式化する手法がとられるようになっています（**利用状況の理解**）。

　発見された課題の解決策を要求として特定するとともに，生活場で活動している人間として当然の品質，たとえば家庭ならば子どもや高齢者にとっての安全や，業務システムであればそれをメンテナンスする担当者にとっての必要不可欠の機能などを忘れずに記述します（**要求事項の明確化**）。

　次に価値品質と当然備わるべき品質を備えた試作品を製作します。簡単な動く仕掛け（プロトタイプ）で良いです（**設計案の作成**）。

　プロトタイプを使用して評価し，利用者らにとってわかりにくい点や想定外の課題を発見し，改善します（**評価**）。

　上記の4プロセスを効率的に反復させることにより，発見した価値が，想定外の問題を引き起こすことなく，製品やサービスとして人々に受け入れられます。この方法を**人間中心設計**（human centered design：HCD）といいます（図）。

　たとえば，便利なサービスアプリが提供されても，わかりにくいインタフェースでは使う気になりません。役立つ路線図は，色を複数使うので，色覚異常の方々にも区別できる色使いへの配慮が重要です。このように便利で魅力的な体験をもたらす製品やサービスは，その機能だけに注力するのではなく，ターゲット層と関わる周囲の人々にも配慮した設計が求められるのです。人間中心設計は製品やサービスの開発のほかに，最近では人事施策や人材育成にも適用されるようになってきています。

図 人間中心設計のプロセス ^{048-1, 048-2, 048-3, 048-4}

UIはユーザーインタフェース，UXはユーザー経験の意味。

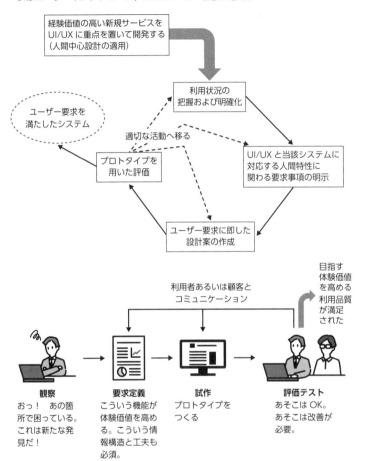

経験価値の高い新規サービスを
UI/UX に重点を置いて開発する
（人間中心設計の適用）

ユーザー要求を
満たしたシステム

利用状況の
把握および明確化

適切な活動へ移る

プロトタイプを
用いた評価

UI/UX と当該システムに
対応する人間特性に
関わる要求事項の明示

ユーザー要求に即した
設計案の作成

目指す
体験価値
を高める
利用品質
が満足
された

利用者あるいは顧客と
コミュニケーション

観察
おっ！ あの箇
所で困っている。
これは新たな発
見だ！

要求定義
こういう機能が
体験価値を高め
る。こういう情
報構造と工夫も
必須。

試作
プロトタイプを
つくる

評価テスト
あそこは OK。
あそこは改善が
必要。

マーケティング

V

105

049 売りたい商品の魅力を高めて，より多く選んでもらうには？

　商品を選ぶとき，高品質と価格といった特徴にトレードオフを伴う複数の選択肢がある場合，それらが示される文脈によって，同じ商品でも選ばれる確率が大きく変化します。たとえば，ＡとＢのカメラがあり，現在の売り上げが拮抗しているとしましょう。

- Ａカメラ──標準的仕様の機能で，価格が安い
- Ｂカメラ──高機能で，価格が高い

ここに次のＣカメラを投入します。

- Ｃカメラ──かなり高機能で，価格はＢよりずっと高い

　図１の選択率の変化を見てください。ＡとＢにＣを加えることで，Ｂを選ぶ消費者が増えます。主要な２つの属性をともに変化させた選択肢がある文脈では，中間レベルが選ばれやすくなります。これを**妥協効果**といいます（図１）。

　ほかにも，こういう方法があります。たとえば，現在はＸとＹのビールがあり，選ばれる割合は３割と７割です。

- Ｘビール──品質65で 1.90ドル
- Ｙビール──品質75で 2.80ドル

ここに次のＺビールを投入します。

- Ｚビール──品質75で 3.10ドル

　ＸとＹにＺを加えると，Ｙの魅力が上がり選択率が向上します。**魅力効果**と呼ばれます（図２）。

　人は単一の対象それ自体の価値を判断するのではなく，考慮する対象の集合のなかでの相対的な価値を判断します。複数の商品を用いて，売りたい商品の価値や魅力を際立たせる文脈を工夫し提供する方法です。

図1 妥協効果[049-1]

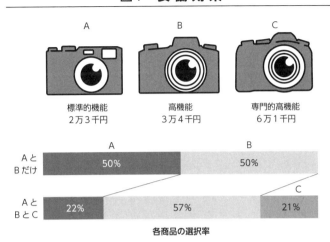

	A	B	C
	標準的機能 2万3千円	高機能 3万4千円	専門的高機能 6万1千円

AとBだけ
A 50% ／ B 50%

AとBとC
A 22% ／ 57% ／ C 21%

各商品の選択率

図2 魅力効果[049-2]

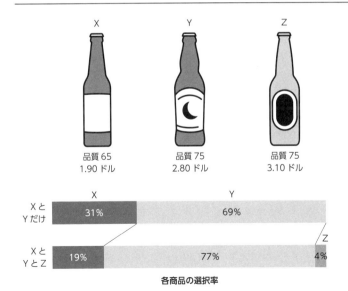

	X	Y	Z
	品質 65 1.90 ドル	品質 75 2.80 ドル	品質 75 3.10 ドル

XとYだけ
X 31% ／ Y 69%

XとYとZ
X 19% ／ 77% ／ Z 4%

各商品の選択率

050 商品やサービスに接する顧客の印象を決めるのは何か知りたい

　人が経験する出来事の印象は，その経験のなかで感情が高ぶったピークと，終わるときの心情で決まるといわれます。

　映画でいえば，最も盛り上がったシーン（ピーク）と，終わる直前シーン（エンド）の印象です。中盤までは退屈であったり，展開が雑であったとしても，ピークとエンドが上質であれば，その体験は良い記憶として残ります。これは**ピーク・エンド効果**と呼ばれ，心理学者で行動経済学者でもあるカーネマンらが発見しました。

▶ **1993年の実験**[050-1]　図のように手を冷水に１分間入れて不快感を測定しました（体験Ａ）。次に同じく手を冷水に１分間入れ，１分経過した後の30秒間は，水を少しずつ温めました（体験Ｂ）。このときも不快感を測定しました。結果は，体験ＡもＢも最初の１分間の不快指数は同様に高かったのですが，体験Ｂの最後の30秒間では不快指数が大きく下がりました。さらに参加者の評価は，体験Ｂのほうがよかったのです。

▶ **1996年の実験**[050-2]　内視鏡による施術時の痛みを調査しました。施術中の患者に今の痛みの感覚を１分ごとに数値で報告してもらいました。そして施術が終了した後で，全体としての痛みの強さを改めて報告してもらいました。結果は，全体としての痛みは施術時間の長さとは関係なく，施術中の痛みのなかの大きな数値と関係がありました。

▶ **ピーク・エンド効果の応用：レストランの印象をよくするには**

レストランでは食べるときがピークです。このとき空間や照明や食事の提供の仕方が上質だと良い印象として残ります。さらに，会計を済ませて店を出るとき，感謝の言葉と丁寧なお辞儀で見送ってくれると気分が良いですね。このようにピークとエンドに特に気を配ると，良い印象が記憶されることになります。

図　フレドリクソンとカーネマンの実験[050-3]

参加者は冷たい水（14度）に手を入れ，そのまま1分待つ。
感じる不快感を0〜14で測定。

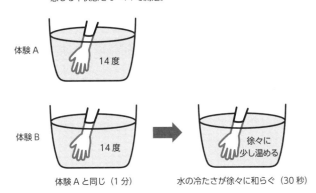

体験A　　14度

体験B　　14度　　体験Aと同じ（1分）　　➡️　徐々に少し温める　　水の冷たさが徐々に和らぐ（30秒）

結果

- 「体験A」の平均不快度　　　　　　　　8.44
- 「体験B」の最初の1分の平均不快度　　8.34
- 「体験B」の最後の30秒の平均不快度　5.69

（不快度が改善された）

両方の体験を終えた参加者に「もう一度体験するならどちらがいいか」と尋ねたところ，69%が「体験B」と答えた。

➡️ 実験時間が少し長くなっても，エンドが良い印象のほうが好まれた。

ピーク・エンド効果の応用

レストラン側がミスをした場合は次のように考えてみましょう。

接客でミスをした＝悪いピーク体験を与えたことになる
➡️ まずミスを認め，それを回復させるアクションをとる
➡️ 支払いを済ませて見送るとき，再度謝罪をする，お土産を渡す，など

ミスが発生したときの挽回アクションだけではなく，「エンド」の部分にも気を配り，丁寧に好印象を残すように対応すると効果的です。

051　店内のBGMで売れ行きは変わる？

　レストランやスーパーなどでは，**BGM**が流れていることがあります。食事をする人，買い物をする人，そして販売をする人も，BGMは雰囲気への効果だけと思っていませんか。

　レストランで実施した実験によると，好みの音楽が流れていると，滞在時間や支払金額が増加し，さらに満足度や他人に推奨したいという気持ちにもプラスの影響がありました[051-1]。

　スーパーマーケットでの実験では，マイナーコードでテンポの遅いBGMを流した場合は，マイナーコードでテンポの速いBGMを流した場合よりも，12％売り上げが増加しました[051-2]。マイナーコードの音楽や遅いテンポの音楽は落ち着いた気分を生じさせ，客はより集中して買い物ができると考えられます。速いテンポの音楽では，音楽のほうに注意が向いてしまいます。買い物中は客の注意を引かないBGMを流し，客の本来の行動を促すようにします。

　店内では，照明，レイアウト，BGMなどの刺激を受けて，客は覚醒状態になったり，ゆったり気分になったり，快適さを感じたり，不快になったりします。その影響を受けて，店への接近行為（店でもっと探索したい，満足度が高い，また訪れたい）が増加したり，逆に店からの回避行為（店から出たい，満足度が低い，もう来たくない）が生じたりします（図）。ゆったり気分で快い感情になれば，店の滞在時間は長くなり，支払い金額も上がるでしょう。

　上の研究結果からすれば，たとえば，野球チームの優勝時に関連店舗で大音量で繰り返される応援マーチは，考えながら買い物をしたい気分に割込み，過度の覚醒を引き起こすので，購買行動へはマイナスの影響があるかもしれません。しかし，優勝記念としてのバーゲンに注目させて，購買行動それ自体を刺激する目的であれば，それはもうBGMとはいえないのかもしれません。

店内の雰囲気を構成する環境刺激が購買行動に与える影響

BGM 等の店内刺激によって生じる感情

店内の環境刺激

- BGM
- デザイン
- ライティング
- 配色　など

覚醒状態

苦しみ	興奮

不快 ──────── 快

憂鬱	くつろぎ

客の滞在行動や購買行動

不快領域の感情　　　　　快領域の感情
➡回避行為へ　　　　　➡接近行為へ

- 店から出たい　　　　・店にとどまりたい
- 話をしたくない　　　・もっと探索したい
- 満足度が低い　　　　・店員と話したい
- もう来たくない　　　・満足度が高い
　　　　　　　　　　　・また訪れたい

マーケティング　V

BGMを流す側が心得ること

BGMは客の意識の外にあって，客の買い物中の思いや想像や計画を邪魔しないことが重要です。客が音楽に過度に注目するような選び方を避け，客の購買行動に関わる思いや発見，判断を邪魔せず促すような環境を提供しましょう。

BGMはくり返し流れますから，客にとって嫌な音楽は不快感や回避行動を強くします。このマイナスの効果は気づきにくいので注意しましょう。

関連する話題

勉強するときのBGM，特に歌詞のある音楽は勉強時の頭の働きを妨害します。ただし音楽を聴かないとやる気が出ないという人がいて，その場合は音楽は動機づけの役割なので，頭の働きとしての効率は悪くても，勉強の維持にはつながると考えられます。

052 高くても売れるものもあれば，安くても売れないものもある理由は？

　デパートでの買い物で好みのワンピースは想定より1万円高くても苦にせず購入した主婦が，帰りのタクシー代800円を惜しんでバスを利用する場合があります。金額的には矛盾するようですが，私たちは財布感覚として，購入対象に関して複数のジャンルに分かれ，それぞれに許容できる金額と購入に伴う感情が異なる**心理的財布**をもっています。

　また，買い物行動には欲しい物を手に入れる**満足感**と代金を支払わなければならない心理的な**痛み**の2つの面があります。価格に伴う満足と痛みという2つの要因の間には，次の4タイプの関係があります。

- 痛いが満足＝葛藤はあるが購入する
- 痛くて不満＝購入は問題外
- 痛くなく満足＝スムーズに購入する
- 痛くないが不満＝ほぼ購入しない

心理的財布には次の条件が影響します。

- 商品側──商品内条件（質や機能など），商品間条件（他社商品や系列商品など）
- 人の心理面──個人内条件（金銭意識や購入時の目的や背景状況），個人間条件（階層や年齢や役割など）

　商品と心理的財布の関係を知るためには，購入の支払いに伴う痛みの程度を調査して，ターゲット層の心理的財布の数や種類を知ることが有用です。

　また，特定の心理的財布をもつ消費者層について，たとえば思いがけない収入が入ったときに，どの種の心理的財布が拡大するかを調査すると，どのような時期にどのような商品戦略を立てるかの参考になります。

表　心理的財布の調査結果[052-1]

関西在住の18歳以上（18歳から92歳）の男女555名が対象。調査参加者は示された商品・サービスに対して，金銭を支出する時の「心の痛さ」を6段階（1：まったく痛いと思わない～6：非常に痛い）で回答する調査。データは因子分析によりカテゴリ化されました。

心理的財布名	商品一覧
生活インフラ用財布	電気洗濯機，電気冷蔵庫，カーテン，ベッド，エアコン，洋服ダンス，乗用車，ジューサー・ミキサー，ミシン，食洗器
身体リラックス用財布	鎮痛剤，栄養ドリンク，目薬，筋肉痛貼り薬，野菜ジュース，歯磨き粉，即席ラーメン，風邪薬，バター，チョコレート
趣味娯楽用財布	ゲーム・ソフト，パチンコ，週刊誌，ゴルフ用具，観賞魚，水着，ボウリング，ゲームセンター代
外食・旅行用財布	友人と外食したときの自分の食事代，映画鑑賞友人と一緒に飲むお茶代，国内温泉旅行スポーツ観戦，外出先で1人で食べる食事代
オシャレ用財布	外出用ネックレス，バッグ・ハンドバッグ，口紅，香水，オーデコロン，スキン・クリーム
生活保障，安心用財布	火災保険の月掛け金，生命保険の月掛け金，NHK受信料，毎月の新聞代，トイレットペーパー，非常飲料・非常食料
美容健康増進用財布	エステティック，サプリメント，健康器具，スポーツジム，マッサージ・チェア
財産用財布	分譲土地，建売住宅，分譲マンション，別荘
情報機器用財布	パソコン，デジタル・オーディオプレーヤー

さらに応用：心理的財布を拡げる戦略[052-2]

- 複数の心理的財布を関連づける。
  例）燃えにくいカーテン（生活インフラ＋安心）
- 別の財布からの支払いの暗示。
  例）毎月の支払いが少なくボーナス時がちょっと多めのローン
- 場の演出
  例）地域とのふれあい体験型旅行

053 交渉では,好条件を 最初に示したほうが有効か?

　販売価格や納期などの交渉において,譲歩できる限界の水準があるとします。その譲歩の限界は,相手にとっては好条件です。その譲歩の限界(相手にとっての好条件)を示す場合,最初から示すほうが有効だとする考え方と,交渉して相手が迷う場合に好条件を示すほうが有効だとする考え方があります。

　図に示す販売場面の心理学実験では,後から好条件を示すほうが,販売確率が顕著に向上しました。こういう現象の理由については,**返報性の法則**の影響であるという説明があります[053-1]。最初はこの価格ですといわれたのに,買うことを躊躇していたら,値引きしてくれた状況では,私のために譲歩してくれたから,お返しとして買わなければいけない気持ちになるというものです。

　別の理由としては**対比効果**の影響があります。最初に示された価格と,後で示された好条件の比較が生じ,変化した分のお得感を得ることができるのです。

　このように,後から好条件を追加して示す説得的コミュニケーション手法は,**ザッツ・ノット・オール技法**と呼ばれます。

　図の実験が示すように,価格でも納期でも,最初からギリギリ譲歩できる条件を示すよりも,最初は無理のない条件を示し,相手方が躊躇する,あるいは応じない場合に,ギリギリに譲歩した条件を示す段取りのほうが,相手の意思決定を促すといえるでしょう。

　ただし,印象面で誠実さを欠いたり,交渉の場の環境が不快なものであったりすると,後から譲歩する行為は不誠実と判断されかねません。この点は十分に注意して,交渉するようにしましょう。

図　カップケーキの販売実験[053-2]

設定：カップケーキを並べ値段をつけず客から聞かれたら答える。

[実験1]

- 条件1——値段を聞かれたら，最初に「75セントです」と答え，客が迷っているときに「クッキー2枚をおまけにつけます」とつけ加える。
- 条件2——値段を聞かれたら，最初から「クッキー2枚とセットで75セントです」と答える。

	条件1	条件2
購入した客の比率	73%	40%

[実験2]

- 条件3——値段を聞かれたら，最初に「1ドルです」と答え，客が迷っている時に「75セントに値引きします」とつけ加える。
- 条件4——値段を聞かれたら，最初から「75セントです」と答える。

	条件3	条件4
購入した客の比率	75%	44%

注意点

ザッツ・ノット・オール技法は，次々と特典を付加する形でよく用いられます。たとえばセット商品にして割引したり，指定した時間までに購入した人には，おまけをつけたりするものです。しかし，当初からその商品がほしいと思う人にとってはうるさく感じることがあります。迷っているときに使う，特典をつける理由（期間限定だから，など）を示すなどの工夫をしましょう。

脅して説得することは効果があるの？そういう説得の注意点は？

仕事上で人を説得したいとき，「○○しないと××のリスクがありますよ」とか「大変なことになりますよ」などと脅すようなコミュニケーションを行うことがあります。これを**恐怖喚起コミュニケーション**といいます。恐怖喚起コミュニケーションは，2種類の情報から構成されています。

- 危険性を示す恐怖情報
- 危険回避のための勧告情報

たとえば「老後はこんなにお金がかかります。資産運用をして備えましょう」「壁のひび割れをそのままにすると，豪雨のときに浸み込んで木が腐ります。外壁の塗装が必要な時期です」などがあります。

▶ **恐怖喚起の強さと説得効果の関連**　高校生に対し虫歯と口腔衛生に関する講義を行い，講義スライドの内容によって，強恐怖条件（悲惨な状態の歯と歯ぐきを見せる），中恐怖条件（表現をマイルドにした），低恐怖条件（不快な情報は極力入れない）の3条件に高校生を振り分けた実験を見てみましょう（表）。

それぞれの講義内容で学んだ結果，傷んだ歯ぐきと虫歯についての不安や心配は，強恐怖条件が最も強くなりました。しかし，口腔衛生への勧告（歯磨きと歯ブラシ選び）に同調した割合は，中恐怖条件と低恐怖条件が高く，強恐怖条件の約2倍以上になったのです。

強い恐怖を与えて勧告を受け入れさせようとすると，かえって勧告内容の無視や過小評価を招くことが示されました。

行動変容への効果が低いにもかかわらず強い恐怖感を与えることは，パワハラになったり，悪徳商法につながることがあります。聞き手にリスクを理解してもらうことは重要ですが，社会規範や倫理に反する使い方に注意しましょう。

表　恐怖の強さは説得に影響するか[054-1, 054-2]

高校生への講義材料

講義資料中の恐怖情報	強恐怖条件	中恐怖条件	低恐怖条件
歯痛による苦痛	11	1	0
がん・麻痺・失明など2次的疾患	6	0	0
抜歯や虫歯の穿孔など苦痛を伴う処置	9	1	0
虫歯の充填や歯科医にかかる必要があること	0	5	1
口腔感染：ただれ，腫れ，炎症を起こした歯ぐき	18	16	2
汚い色に変色した歯	4	2	0
虫歯	14	12	6
虫歯の穴	9	12	9
不快な結果を示す内容の総計	71	49	18

マーケティング **Ⅴ**

講義内容に含まれる勧告への同調

(講義を聞く前と後の比較)

変化／条件	強恐怖条件	中恐怖条件	低恐怖条件
勧告内容の方向へ変化	28%	44%	50%
勧告内容とは反対方向へ変化	20%	22%	14%
変化なし	52%	34%	36%
勧告の方向への正味の変化	+8%	+22%	+36%

無意味に恐怖を煽らない

恐怖を煽る説得より，リスクをきちんと説明した丁寧な勧告のほうが受け入れられやすいことを，広く理解してほしいものです。

055　顧客のクレーム対応が難しい

　クレーム対応の担当になると，自分の過失でなくても，会社の製品や他部署の問題に対応しなくてはなりません。理不尽な要求をされたり，感情的に怒りをぶつけられれば，心理的ストレスは大きくなります。そのせめてもの軽減のために，クレーム対応の構造を理解しましょう。

▶ **クレーム対応の役割を意識する**　会社の製品や活動に対するフィードバックを受ける担当である，という自分の役割を認識し，素の自分とは別モードに意識を変えることが第一歩になります。

▶ **クレームから学ぶことを意識する**　クレームは顧客からのフィードバックです。商品の欠点の改善やよりよい組織を作るための貴重な情報となり，社員にとっては，顧客との密接なコミュニケーションのチャンスであり，クレーム対応スキルを向上させるチャンスです。

▶ **顧客の怒り感情を分析する**　顧客が直面している「感情的問題」と「現実的問題」は区別できるということを意識しましょう。

▶ **感情的問題に対処する**　顧客と交渉して現実の問題に対処する前に，まず顧客の怒りや悲しみを和らげる，誠意ある傾聴・共感とその後の謝罪のプロセスが必要です（図）。

▶ **現実的問題への対応**　次に，自社の問題から生じているクレームか，不当な要求なのかを見極めます。後者の場合は，毅然とコンプライアンスを遵守する姿勢を貫きます。前者の場合は，詳細に事実を確認し，解決すべき現実の問題が複数ある場合，問題の優先順位を決めながら，対応可能な問題と不可能な問題を切り分けていきましょう。要望を傾聴しつつ，会社側で対応可能なことを相手に伝え，落としどころを探っていきます。始めから解決策が見えていたとしても，話し合いを通じて解決策を作り上げていくプロセスがあると，顧客の納得感・満足感は高まります。うまくいけば，「雨降って地固まる」わけです。

▶ **役割のリセット**　1日のクレーム対処を終えたら，「素の自分」に戻って，入浴などのリラクゼーションでリセットしましょう。明日には明日のクレームがあります。

図 **クレーム対応の流れ**[055-1]

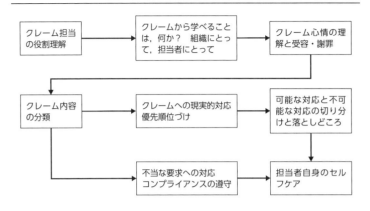

相手の怒り・悲しみを和らげる対応

傾聴・共感，謝罪のプロセスで！

- 素の自分からクレーム担当者としての自分に意識を変えましょう。
- 対面の場合，相手と目を合わせましょう。
- トーンの低い声でゆっくり話しましょう。
- 真剣な表情で，うなずきながら，先方の話を傾聴しましょう。
- 自分の反論，不満を出さないようにしましょう。
- 謝罪の言葉は，誠実さが伝わるようにはっきり話しましょう。

たとえば，「ご親切にご指摘いただき，ありがとうございます」「誠に不行き届きで，ご迷惑をおかけして，申し訳ございません」などです。

VI

コミュニケーション

意図や思いを受け取ってもらうために

056 話が通じないのはなぜ？

　人とのコミュニケーションで，同じ言語で話しているのに「話が通じない」と感じることはありませんか。それがビジネスに関することであれば，問題は深刻です。トラブルの背後には，両者のメンタルモデルの食い違いがあるのかもしれません。

　表では，Bさんが上司に担当作業以外の作業の流れ（薄網掛け部分）を尋ねますが，上司は，担当作業（二重線で囲んだ部分）のことだけに注力するよう命じました。Bさんはそれを，「余計なことはするな」という意味で受け取り，トラブルが生じました。部下に「何が疑問か？」を尋ね，開示できる範囲の情報は伝えること，という対処はできるでしょう。

　メンタルモデルとは，ある物事が機能している仕組みを，どう理解しているかを表現するイメージのようなものです[056-1]。仕事のメンタルモデルは，担当者が考慮中の問題空間といえるでしょう。

　メンタルモデルは，人間と作業環境の相互作用を理解する枠組みとして，手段 – 目的階層と全体 – 部分階層の2軸によって表現することができます（表）。手段 – 目的階層の区切り方は分類対象となる課題によって任意に決めることができます。対話者と表を共有できると，お互いが注意を向けている対象が会社全体のなかのどの部署の何についての情報かが概観できます。

　共同作業では，頭のなかのメンタルモデルを「見える化」して共有しながら，そのなかのどの問題空間を話題にするのかを明確にしておくと，効果的な話し合いがもてるでしょう。

　メンタルモデルは，過去の経験・既存の知識から構築されていますから，個々人によって異なるのが当然です（図）。まずは，他者も自分と同じメンタルモデルをもっている，という幻想を捨てることから始めてみましょう。

表　メンタルモデルの2軸表現[056-2]

手段 - 目的，全体 - 部分階層マトリックスを用いた問題空間の メンタルモデル[056-3]

	会社全体 （親会社）	サブシステム （在庫管理の 子会社）	機能単位 （受注・発注伝票 整理部門）	部分単位 （各部署の 作業者）
目的	アパレルビジ ネスで利益を 出す	親会社の商品売 り上げと在庫管 理をし，親会社 の利益に貢献	全国の店舗の売り上げ・ 在庫伝票を確認し，現在 の損益モニターとトラブ ルの発見	伝票の入力と 現場の発注・ 発注確認と記 録
手順	自社ブランド の作成と販売	年間を通しての 全国の店舗の商 品の流れと売り 上げの把握，在 庫の調整	店舗の地域別・商品の種 類別に受注・発注，売り 上げ伝票を，デジタルに 管理する。各店舗の損益・ トラブルを常にモニター をする。	入力すべき伝 票内容と店舗 に確認すべき ことの把握
物理的 手段	洋服の作製， 発注，販売， 店舗の出店， 広告を出す	店舗を地域ごと に区分する。仕 事の内容ごとの 部門をつくり， 作業分担を指示 する。	店舗の地域別・商品の種 類別に伝票を分類し，各 担当者に渡す。各担当者 の作業結果を集計する。	パソコンソフ トへの入力作 業・店舗への 電話作業

　　　はBさんに与えられた作業領域，←→はBさんが作業のために考慮する問題空間

この表の手段 - 目的階層の解説

手段 - 目的軸は，代表的な次の3つ，目的（何のために），手順（どんな手続き・ル
ールか），手段（どんな行為をどの対象に対して遂行するか）になっています。全体
- 部分階層は，環境の構造を示します。表の環境は，会社全体，サブシステム（子会
社），機能単位（部署），部分単位（各部署の作業者）という代表的な4階層に区切っ
てあります。

図　怪我の重症度を推論するメンタルモデルの違い

子どもが怪我して，
病院へ行ってたんだよ。

それは大変ね。
（病院に行くなんて重症なのね）

057 周囲がみんな自分と同じ考えだと思い込んでいる人をどうしよう

　自分の判断や選択はほかの人々に共通したものであり，かつ状況に適したもので，それ以外の考えは通常から逸脱したものとする**認知バイアス**（認知の偏り）があります。ほかの人々も合意するはずと思い込んでいる思考特性から，**フォールス・コンセンサス効果**と呼ばれます。この現象の発生は，主に以下の３点から説明されています。

- 人は自身と類似した他者を求める傾向があるので，自分と同様の価値や経験や考えをもつ人との接触が多い。
- 過去に類似した経験をもつので，同じ状況なら他者も同じ判断をするだろうと確信的に推測する。
- 自己の判断や選択が正しいことを示して，自尊心を維持し，影響力を得たいとの動機をもっている。

▶ **思考の偏りを自覚するのが大切**　　ロスらは学生を対象に，メッセージの効果を調べるという設定で「広告板をぶら下げたサンドイッチマンになってキャンパス内を歩く」ことを依頼しました。この依頼を承諾した学生と断った学生に「他の学生の何％が承諾する／断ると思うか」を質問しました（図）。

　実験の結果，承諾した学生の62％が他の学生も承諾すると推測し，断った学生の67％が他の学生も断ると推測しました。人には，他の人も自分と同じ考えをもっているはずと思い込む傾向があることが示されました。

　フォールス・コンセンサス効果を防ぐには，

- 複数ユーザーに商品を使ってもらい，その状況を見せる
- チームメンバーに個々の意見を出させる
- 第三者を招く

などして，思考の偏りを正す機会を積極的につくりましょう。

図 フォールス・コンセンサス効果の実験[057-1]

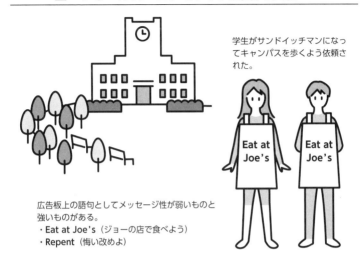

学生がサンドイッチマンになってキャンパスを歩くよう依頼された。

Eat at Joe's

広告板上の語句としてメッセージ性が弱いものと強いものがある。
・Eat at Joe's（ジョーの店で食べよう）
・Repent（悔い改めよ）

他の学生も自分と同じように承諾する（断る）と答えた割合

	自身の回答		承諾と推測	非承諾と推測
「ジョーの店で食べよう」	承諾	70%	**60.8%**	39.2%
	非承諾	30%	43.3%	**56.7%**
「悔い改めよ」	承諾	50%	**63.5%**	36.5%
	非承諾	50%	23.3%	**76.6%**
合計	承諾	60%	**62.2%**	37.8%
	非承諾	40%	33.0%	**67.0%**

どちらの場合でも他の学生も自分と同じ回答をすると推測する割合が多い。

思い込みを防ぐために

日常的には，相手にとって良かれと思ったことが迷惑だったことがあるでしょう。仕事場では，上司の決定が部下の反感を買うこともあるでしょう。これらを防ぐためにも，コミュニケーションをとることと，時にはデータによる裏づけを用意しましょう。

VI

コミュニケーション

指示がころころ変わる上司との上手なつきあい方は？

　上司の指示が曖昧だったり，指示内容が二転三転することが多いと，部下としては，上司の言動に振り回されて，どの仕事をどこまで取り組めばよいか，悩むことでしょう。その原因には，上司の能力や適性不足はもちろんながら，上司の意思決定を難しくするような組織状況もあるとされます。

　問題や解があらかじめわからず，それらの情報を誰がもたらすかもわからない曖昧な状況は**組織化された無政府状態**と呼ばれています。現実社会ではどの組織にも起こりうる，そうした状況下の意思決定モデルとしてよく知られた考え方に，**ゴミ箱モデル**というものがあります（図）。

　ゴミ箱モデルとは，独立した4つの流れのうち，「ゴミ箱」と見立てた①選択機会に，②問題，③解，④意思決定者の決定に向かうエネルギーが，次々と投げ込まれていき，ゴミ箱が一杯になるタイミングで意思決定が行われる，という考え方です。その場合の意思決定には，真の解決である**問題解決**，潜在化した問題を見過ごしたまま決定する**見過ごし**，問題の負荷が大きすぎて解決できないうちに問題のほうが選択機会から出ていくため決定に至る**やり過ごし**の3タイプがあるとされます。

　指示を頻繁に変更する上司のもとでは，これら3つのうち，やり過ごしが増加する傾向があります。気紛れな上司の指示にすべて応えようとすると，部下の仕事の負荷が過剰になってしまいます。そのため，やり過ごしにより状況の曖昧さを回避し，組織行動を安定化させることが必要になるのです。

　表は，課長クラスのやり過ごし比率が高く，30代の課長の80％が，上司の指示をやり過ごしていると示した調査です。言い換えれば，若くして課長になっている人ほど，上司からの指示をやり過ごしていることがわかります。この結果から，有能な部下ほど，自ら仕事の優先順位をつけ，上司の指示を上手にやり過ごしていたと理解できます。

図 **ゴミ箱モデルのイメージ**[058-1, 058-2, 058-3]

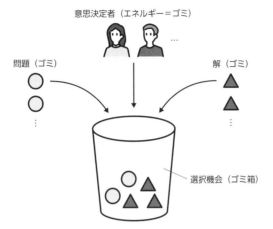

意思決定者（エネルギー＝ゴミ）

問題（ゴミ）

解（ゴミ）

選択機会（ゴミ箱）

表 **課長の年代別の「やり過ごし」比率の比較**[058-4]

年代	やり過ごしたことがある 課長の割合
25〜29歳	100%
30〜34歳	87%
35〜39歳	82.5%
40〜44歳	68.6%
45〜49歳	50%
50〜54歳	75%
55歳〜	50%

やり過ごしと優先順位

上手にやり過ごしをすることは，求められた仕事の質を保つために必要なことといえますが，それは優先順位を正しくつけられているかにかかっています。優先順位を読み間違えると，逆に仕事の質が落ちることには注意が必要です。

059 | 部下が「報・連・相」を サボりがち……

　仕事を部下に頼んだとき，進め方の相談も確認もなく，様子を聞くと「進めてます」の返事だけで説明がないことはありませんか。相談しないまま進めてミスが続いたり，方向性を間違い，顧客から差し戻されたりしたことはありませんか。

　経験の浅い部下は，ミスがあっても自分だけの責任と考えがちで，仕事全体にどれほどのリスクを与えるかが見えない状態です。さらに，仕事を進めるだけでも忙しく，報告や相談はどうしても滞りがちになります。一方，上司が急に「報告に来い」と言っても，部下は準備ができておらず，嫌がるでしょう。

　そんなときは，報告・連絡・相談を習慣化させる簡単なルールをつくりましょう。大きく３つの要点があります。

- **時間**——たとえば11時と16時といった時間を決め，それ以外は受け付けないようにする。不在時のルールも決める。
- **内容**——**報告**＝見通しを含め開始報告。進捗などの中間報告。終了時の完了報告。**連絡**＝状況，修正や変化点。**相談**＝確認。ミスやトラブル。改善案，等。
- **優先順序**——悪い情報を優先させる，等。

　ルールをつくると，眼前の作業に気をとられている思考に対して，課題遂行を監督する**メタ認知**機能が働くようになります（図）。課題遂行は知識を獲得しつつ作業を行う行為ですが，そのスキルだけでは成功しません。課題遂行を監督・評価するルールが与えられると，行為にメリハリがつき，省察的に仕事を監督評価するメタ認知活動のスキルが獲得され，リスク低減につながります。メタ認知スキルの育成は，マネジメント的発想を向上させ，適時・適切な報告・連絡・相談を促進します。

図 メタ認知活動[059-1]

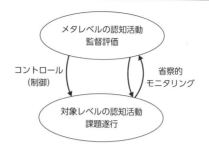

コントロール
（制御）

省察的
モニタリング

メタレベルの認知活動
監督評価

対象レベルの認知活動
課題遂行

課題遂行の各段階におけるメタ認知的活動[059-2]

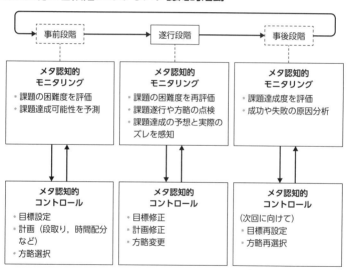

事前段階　　遂行段階　　事後段階

メタ認知的モニタリング
* 課題の困難度を評価
* 課題達成可能性を予測

メタ認知的モニタリング
* 課題の困難度を再評価
* 課題遂行や方略の点検
* 課題達成の予想と実際のズレを感知

メタ認知的モニタリング
* 課題達成度を評価
* 成功や失敗の原因分析

メタ認知的コントロール
* 目標設定
* 計画（段取り，時間配分など）
* 方略選択

メタ認知的コントロール
* 目標修正
* 計画修正
* 方略変更

メタ認知的コントロール
（次回に向けて）
* 目標再設定
* 方略再選択

関連トピック

最近では，受け身的な「報・連・相」よりも積極的に「確・連・報」を行うことが推奨されています。指示を待つより自分で考えて確認をとり，実施する形です。どちらの場合も，上司はメタ認知的スキルを育てるように支援的アドバイスを与えましょう。

060

対面とテレワーク，どちらが仕事をするうえで効果的？

　コロナ禍を経て，日本ではなかなか普及しなかったテレワークが急激に普及しました。しかし，少し状況が落ち着くと，すぐに働き方を元の対面に戻してしまう組織も少なくありません。一方で，テレワークの便利さを知ってしまった部下がテレワークの継続を希望し，上司が組織と部下の板挟みになるケースも散見されます。

　結論としては，対面かテレワークという二者択一ではなく，組織やタスク状況に応じて，適切な手段を柔軟に選ぶことが大切です。組織が成果を出すには，組織が直面する**多義性**と**不確実性**を減じることが必要ですが，そのうち，何を，もしくはどちらをより主たるを目的とするかで用いるべき情報伝達手段（メディア）は異なります（図1）。たとえば，この研究はかなり以前のものではありますが，多義性を減じるには，その時点で最もリッチなメディアであるグループ・ミーティング（対面）が，一方の不確実性を減じるにはルールや公式の情報システムが望ましいと主張しました。この考え方は**メディア・リッチネス理論**と呼ばれます。つまり，対面のコミュニケーションが仕事には必要不可欠だと主張する人々は，意思決定において多義性が多すぎることを仕事のやりにくさと感じるのでしょう。

　あるいは，対面を選択する理由に，テレワークでは**信頼関係**が築きにくいことを挙げる人もいます。しかし，多くの研究結果では，確かに初めはチャットなど非対面のコミュニケーションは対面に比べて信頼関係が築きにくいものの，信頼関係や協力関係に関しては，活動期間が長くなるほど，手段の差による違いがなくなっていくことが比較的長期間の実験を通じて，明らかになっています（図2）。

　もっとも，テレワークのみに頼ると，イノベーションにつながる雑談が難しい，孤独感を覚える，運動不足となりがちで不健康になるなどの別の問題もあります。やはり画一的ではなく，適宜，部下と相談しながら柔軟に決めていくのが望ましいといえます。

図1 目的とメディアの適合性：メディア・リッチネス理論[060-1]

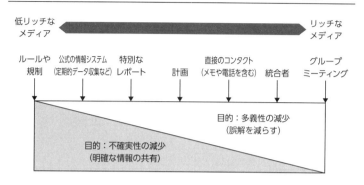

図2 伝達手段と信頼関係の変化の関係[060-2]

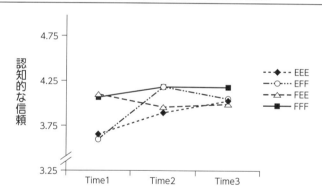

E はチャットベースでのコミュニケーション（最近のオンライン会議のようなものではない），F は対面でのコミュニケーション。たとえば，EFF はチャット→対面→対面のグループを指します。

061

個人面談で部下が緊張して本音を話してくれない……

　部下と面談するときに，相手が緊張して，思っていることをざっくばらんに話してくれないことはありませんか。緊張させない雰囲気づくりは，なかなか難しいものです。

　この問題をコミュニケーションの工夫ではなく，**環境空間**の使い方で解消してみましょう。自分と部下が座る位置を見直してみてください。図1のAとBでは，あなたはどちらの位置関係で面談をしていますか？多くは，Aの位置関係ではないでしょうか。Aは対峙する関係になり，部下は緊張を強いられる心理状態になりがちです。

▷ **座席位置が相手の印象に与える影響の検証**　　図2のAとBに示す座席位置を用いて，教授と学生に同じ内容で面談を行ってもらい，面談後に学生が抱いた教授の印象を調べました。もちろん教授は同じ人です。実験結果は次のようになりました。

- Aの四角い机で対峙する位置関係――主な印象：権威的，攻撃的，話しにくい
- Bの円形机で少し離れた横の位置関係――主な印象：公平，世話好き，親しみやすい，オープンな人柄

　実験上，相談内容や教授が話す内容は統制されています。ずいぶん印象が違いますね。このように座席位置は印象，行動，関係性に影響を与えます。

　最近では，たとえば企業説明会のときに，円卓を用意して，企業の担当者とその企業に興味ある学生が数名で話し合う様子を目にすることがあります。これは緊張を和らげ話しやすくなるのでいいですね。職場での面談のときも，円卓を使ったり，位置関係を工夫したりすると，雰囲気の緩和が期待できます。

図1　座る位置によって変わる心理状態と印象

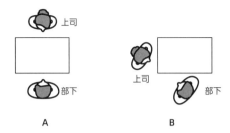

A　　　　　　　　　　　B

図2　実験に用いた座席位置[061-1]

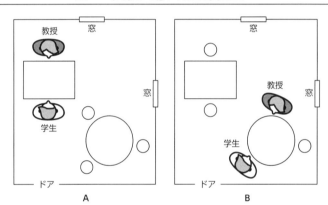

A　　　　　　　　　　　B

円卓の心理的効果

円卓は上下関係をあまり気にせ
ずに，自由に意見交換できる場
をつくることができます。

062 部下への悪い評価は，どのように伝えたらいいの？

　部下への評価は，悪いところだけでなく，良いところも伝えることが効果的とされます。悪い評価には部下が拒否反応や萎縮反応を示し，意図した改善活動や成長に結びつかないことが多いからです。

　実は，悪い情報のやり取りを避けたいのは，上司の側も同じです。部下の気分を害することは容易に想像がつくからです。このような悪い評価を告げる必要があるときに，上司が役割上の要求と自らの感情との間で葛藤するさまは，**ネガティブ・フィードバックの蓄積モデル**として表現されます（図1）。

　生じている問題が深刻と認識されるほど，上司は役割上，部下に悪い評価をすぐに伝えますが，深刻度が許容範囲にあると見なされるうちは，もう少し様子をみようと先延ばしにします。本来，先延ばしにしたところで，伝えるべきことは同じなので何も変わらないはずですが，先延ばしするうちに問題が自然に改善するかもしれないという，甘い期待も抱きます。

　しかし，実際には，そううまくいくものではありません。むしろ時間が経つほど，問題の深刻度は増すため，上司は部下に怒りや苛立ちなどの負の感情をより強く抱くようになります。そして，いざ**フィードバック**（➡041）せざるをえなくなった際，その負の感情は隠しようもなく溢れ出るため，部下のより強い拒否反応を誘発するという悪循環を招くのです。

　こうした状態の防止には，問題の深刻度や怒りがまだ小さいうちから，早めに，かつ小出しに部下に悪い評価を伝えることだと蓄積モデル内では主張されています。そうすれば，問題をより容易に解決できるうえ，部下の学習活動も助けやすくなります。

　また，日頃から**上司－部下間の信頼関係（LMX）**を構築しておくことも，有効な対策と考えられています。たとえば，図2のように，信頼関係を基盤とすることで，悪い評価であっても部下は前向きに受け止めるようになり，業績が改善するともいわれています。

図1　ネガティブ・フィードバックへの蓄積モデル[062-1]

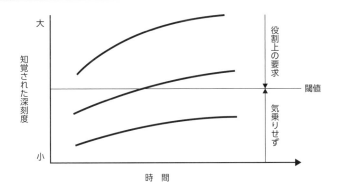

図2　上司 – 部下間の信頼関係のもつ効果[062-2]

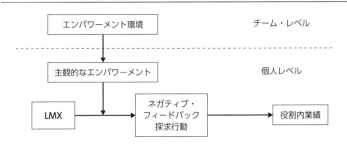

* LMX：leader-member exchange――リーダーとメンバーの間の交換関係のこと。
  LMXが高いとき，両者の間には信頼関係があるとされる。
* ネガティブ・フィードバック探求行動――悪い評価も積極的に求める行動のこと。
  主観的なエンパワーメントを感じることでいっそう促進される。

日頃の公平な手続きも重要

これもまた信頼関係を築くための1つの要素といえますが，日頃から公
平な手続きで部下に接することも大切です[062-3]。部下の側が不公平さを
知覚していると，上司からのどのようなフィードバックも否定的かつ歪
んで受け取りがちになるためです。

063 新しい仕事のやり方を 職場に早く受け入れさせるには？

　マネジャーが良かれと思って導入した新たな経営手法や業務プロセスが，職場や現場でなかなか受け入れられないことがあります。明確な反対や抵抗が生じる場合もあれば，それほど強い反対はないものの，メンバーが慣れ親しんだやり方を単に捨てられないだけという場合もあります。いずれにしても，新たな方法が職場に良い成果をもたらす可能性があるならば，実にもったいないことです。

　こうした問題に直面したときに，その有効性が期待されるのが，**スモール・ウィン戦略**です[063-1]。私たちは自分の手に余るような大きすぎる問題に直面したとたんに，普段は可能な，冷静で賢い判断ができなくなります。そこで，処理可能な大きさに問題を落とし込み，小さな勝利を積み重ねていくことが成功の近道という考え方をスモール・ウィン戦略と呼びます。

　このスモール・ウィンという概念は近年，もとの理論の趣旨とは必ずしも一致しないものの，さまざまな場面や研究で活用されています。図1のような組織変革の領域での研究はその典型例です。

　もし組織がより成果をあげるべく，新しい制度や仕組みを導入し，それを受けてマネジャーが新たなやり方を取り入れるよう，どれほど口を酸っぱくしても，それがメンバーの心に響かなければ効果は出ません。その点，その取り組みが頻繁にメンバーに「小さな勝利」をもたらせば，マネジャーがそれほど強く言わなくても彼らは自然に新しい制度を受け入れるようになるのです。

　その理由は，図2の研究が参考になります。複数のプロジェクトのメンバーが日誌に書いた内容を分析したところ，良い気分の日には，「進歩」（小さな勝利と同義）に関する記述が多く登場し，そのような日の彼らは，実際に仕事に対して前向きな姿勢を示していたのです。このような**プログレスの原理**から，メンバーに「小さな勝利」を蓄積させることは，彼らに新しいことを受容させる近道になると考えられます。

図1　マクロ‐ミクロ統合の制度化モデル[063-2]

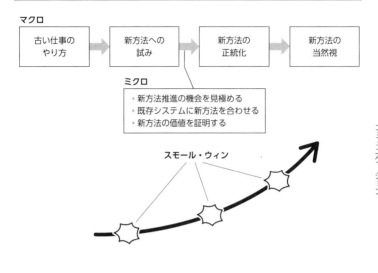

マクロ

| 古い仕事の
やり方 | → | 新方法への
試み | → | 新方法の
正統化 | → | 新方法の
当然視 |

ミクロ

* 新方法推進の機会を見極める
* 既存システムに新方法を合わせる
* 新方法の価値を証明する

スモール・ウィン

図2　プログレスの原理[063-3]

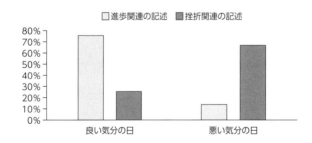

□ 進歩関連の記述　■ 挫折関連の記述

7社26プロジェクトに属する238人の日誌への1万2000の記述のなかで，「進歩」に関する記述と「挫折」に関する記述の登場する割合をグラフ化しています。

064 会社内に存在する縄張り意識や 対立関係を解消したい

　自分の部門や職場の都合だけを考え，組織全体の利益や効率性をおろそかにしたり，他の部門に対して閉鎖的な態度をとることを**セクショナリズム**と呼びます。互いが必要性を感じないためにコミュニケーションをとらない場合とは異なり，部門間や職場間で感情的な対立が生じると，組織の生産性や学習活動にはマイナスの影響がもたらされてしまいます。一方で，セクショナリズムは，各部門の専門性の高まりや部門内の仲間意識・結束の強化の結果として生じる側面もあり，完全になくすことは困難と考えられます。

　しかし，アメリカの小中学生のサマーキャンプを対象に実施した研究は，その改善策を考える参考になります（図1）。キャンプの課題として限られた資源をめぐる競争を展開させたことで，2つの少年グループは激しい対立関係に陥ります。この研究では前段階としてそうした状況をつくり出したうえで，その後，どちらのグループにとっても必要不可欠な目標で，かつ，2つのグループが協力しないと達成できないような新たな目標を彼らの**上位目標**（superordinate goal）として設定しました。すると，あれほど激しく対立していたにもかかわらず，彼らは争いをやめて協力したばかりか，目標達成後のグループ間の友好性も高まったのです。

　ただし，このような設定の場合，目標達成が失敗に終わったときには相手に対する好意は大きく低下するため，上位目標の設定は万能策ではありません。たとえば，その上位目標に対して各部門が納得していないときや，深刻な政治的な対立が存在しているのに，その事実に向き合わず，ただ上位目標を設定すればうまくいくだろうと楽観的すぎても失敗します。

　まず対立関係が存在する事実を認めること，そしてそこから逃げずに互いの考えや立場の違いを十分に対話することが，既存の対立構造を悪化させないためには必須です（図2）。

図1　集団間葛藤の解消策としての上位目標の設置[064-1]

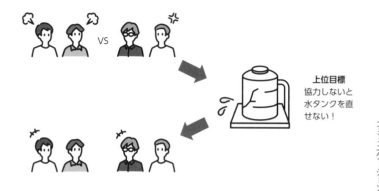

上位目標
協力しないと
水タンクを直
せない！

コ
ミ
ュ
ニ
ケ
ー
シ
ョ
ン

VI

図2　感情やパワー関係が組織の対立を煽る[064-2]

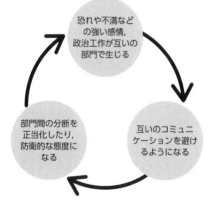

対立関係があることを認める

対立関係があることは一目瞭然であり，あらためて認める必要など ない ように思えるかもしれません。しかし，その存在を認めることによって 初めて解決すべき問題があることが明示化され，対話の出発点に立つこ とができると考えられているのです[064-3]。

VII

メンタルヘルスケア

あなたとわたしの心の健康のために

065 苦情処理でたまったイライラを うまく解消するには？

　どの企業にも，苦情（クレーム→055）対応部署というものがあります。一生懸命に対応しても，理不尽な怒りをぶつけられ，罵倒されることもあるでしょう。毎日，他者の苦情を受け止めていると，それが自分のせいでなくても，体調が悪くなったり，イライラが募ったりするものです。

　ライフイベントのような日常生活においてめったに経験することのない重大な出来事よりも，**デイリーハッスル**（日常苛立ち事）のほうが私たちの心身への悪影響を考えるうえで重要だといわれています[065-1]。単発の大きなストレスよりも，毎日の**継続的ストレス**のほうが私たちの心身の健康状態を予測するのに優れているという報告もあります[065-2]。

　イライラを抱えたままですと，周囲の人にそれをぶつけてしまったり，自分が体調を崩してしまいます。

　怒りや不満を受け止めたままにせず，服が汚れたらクリーニングするように，心も毎日クリーニングしていくことが大切です。クリーニング方法の一例としてイメージの力を使うものを紹介します（図）。イライラ・不快感がたまっているのは身体のどこでしょうか？　自分の体を頭から爪先までボディスキャンしていきます。頭，肩，胸，おなか，腰……そのイライラはどんな形でしょうか？　どんな色で，触った感じは？　このように「イライラ」を客観視し，外在化していきます。次に，その「形」をどうするか考えます。水や風で流してしまう，取り出してたたき壊す，掃除機で吸い取る，箱に詰めて宇宙の彼方に放り上げる，三重に包んで箱に詰めておく，などがありますが，あなたにぴったりくる方法を探してみましょう。図のように，光のシャワーで流していく方法や，天高くイライラの入った箱を放り上げる方法もあります。

図 イメージで心を［クリーニング］する

天高くイライラを放り上げる方法

1. 目を閉じ，腹式呼吸しながらイライラ・怒り がたまっている身体の部位を意識します。
2. 目の前に白い箱をおく。
3. 身体にくっついているイライラのかたまりを 少しずつ箱に入れる。
4. フタをして，光の柱に乗せ，高い，高い，天 にポーンと上げる。

光のシャワーでイライラを流す方法

1. おなかを意識して腹式呼吸（座ったままでも 立っていてもできる）。
2. 両足をしっかり床につけて，体重移動をしな がら足の位置を確かめる。
3. 好きな色の光をイメージして，高い所から光 がシャワーのように降り注ぎ，頭の上から自 分を包み込むように流れているのをイメージ します。
4. 身体の外側を包み込むだけでなく，脳のな か，肺，喉，胃，腸など，身体の内部にも光 のシャワーが入ってきて，身体の奥深くに入 り込んでしまった苦情・怒りのかたまりを溶 かして流していくイメージをつくっていきま す。
5. 頭，耳，首，肩，腕，背中，胸，おなか，腰， 太股，ふくらはぎ，足，と身体を順番に意識 しながらスキャンしていきます（2回ほどボ ディスキャンを繰り返しながら，苦情のかた まりの色や形が変化していくのに気づけたら OKです）。光のシャワーの代わりに，滝な どの水のイメージでもかまいません。

143

066 出勤しても仕事にならないときは どうしたらいい？

　従業員の健康に対する投資収益率（ROI）を測る指標として，**プレゼンティズム**や**アブセンティズム**が注目されています。「プレゼンティズム」とは，出勤していても，心身の健康上の問題が作用して，パフォーマンスが上がらない状態のことです。たとえば，鼻づまり，二日酔い，寝不足，頭痛，などでボーッとして仕事に集中できないときです。多少の無理をすれば出社できますが，ケアレスミスの増加をはじめ，作業効率や集中力の低下を引き起こすでしょう。「アブセンティズム」とは，心身の体調不良を原因とする遅刻や早退，就労が困難な欠勤，休職など，業務自体が行えない状態のことです。1人がアブセンティズム状態でいると，関わるチームや組織に影響し，業務生産や業務効率の低下を引き起こすでしょう。

　ではなぜプレゼンティズムやアブセンティズムが発生するのでしょうか。考えられる要因として，任されている仕事量や人手不足を考慮して「自分が休むわけにはいかない」といった仕事に対する責任感や，「休んだことによる仕事の遅れは自分で取り返さなければいけない」という義務感，「多少体調不良であっても根性で出勤することが大事」という，精神論的企業風土などがあります。

　不安定な心理状態で無理に仕事をし続けると，ストレスや疲労がたまり，心身への負担が大きくなっていきます。通院や入院が発生すれば，企業の医療費や保険費の負担額は増え，また従業員が退職してしまうリスクも高まりますから，人材育成にかけたコストや，採用に関わるコストなど大きな損失にもつながります。厚生労働省保健局が調査発表している「データヘルス・健康経営を推進するためのコラボヘルスガイドライン」では，プレゼンティズムのコストが77.9％という結果が出ています（図）。日々の生産性の損失であるプレゼンティズムが，医療費などを含むアブセンティズムよりもコストの割合を大きく占めている事実を踏まえ，体調不良のときの仕事のあり方を考えてみましょう。

図 健康関連総コストの推計[066-1]

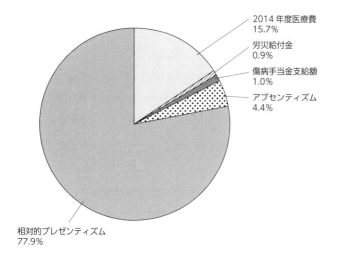

2014年度医療費
15.7%

労災給付金
0.9%

傷病手当金支給額
1.0%

アブセンティズム
4.4%

相対的プレゼンティズム
77.9%

コストの数値換算

内訳	平均（円）
2014年度医療費	113,928
労災給付金	6,870
傷病手当金支給額	7,328
アブセンティズム（アンケート）	31,778
相対的プレゼンティズム	564,963
計（N=3429）	724,867

067　眠っても疲れがとれない……

　ビジネスパーソンが健康に働き，業績を上げるためには，質的・量的に良質な**睡眠**をとることは，必須スキルです。慢性的に睡眠時間が短いと，体調を崩したり，精神疾患のリスクが高まり，プレゼンティズム（→**066**）に陥ります。不眠の頻度が高いと退職リスクが高まることも示されています[067-1]。

　しかし，日本人の睡眠時間は，OECD国際比較で先進国中で最も短く，日本の労働者を対象にした調査で，入眠困難，中途覚醒，早朝覚醒のいずれかの睡眠問題を有する日勤労働者の割合は全体の2～3割に上るそうです。2020年の統計で，日本の時間あたりの労働生産性は，OECD加盟38カ国中23位で，1970年以降，最も低い順位になり，長時間労働だった昭和時代よりも，順位を落としました。睡眠不足による経済損失は，2017年時点でGDPの2.92％とのデータもあります（表）。

▶ **勤務間インターバルの効果**　　勤務終了後，一定時間以上の「休息期間」を設けることで働く方の生活時間や睡眠時間を確保する**勤務間インターバル**の導入が，「労働時間等設定改善法」により，事業主の努力義務として規定されています。

　国内在住の日勤労働者約3800人の勤務間インターバル，睡眠時間，睡眠の質（ピッツバーグ睡眠調査票），余暇時間などとの関連の調査結果では，勤務間インターバルが長い群ほど，睡眠時間が長く，さらに睡眠の質も良い事が示されました（図）。勤務間インターバルが短いと，睡眠よりも余暇に時間が費やされ，睡眠時間は改善しないようです。

　睡眠は，個人的問題と捉えられがちですが，社内に昼寝スペースを設けたり，睡眠に関する社内研修を実施したりするなど，「睡眠・休養」をテーマに生産性向上や働き方改革に取り組む企業も増えています。組織としての生産性の向上という観点から，睡眠・休養への環境づくりに取り組む必要性はいっそう高まっています。

　このほか，ストレス状態や，ダイエットなどによる栄養不足でも睡眠が抑制されるので注意が必要です。

表　睡眠不足による経済損失[067-2]

国名	経済損失（億ドル）	GDPに占める割合
アメリカ	4,110	2.28%
カナダ	214	1.35%
イギリス	500	1.88%
ドイツ	600	1.56%
日本	1,380	2.92%

図　勤務間インターバルが長いほど，睡眠の質を改善する[067-3]

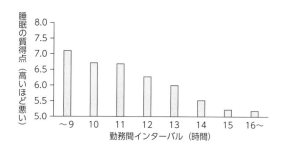

よりよく眠るためのポイント

- 朝，光を浴びて体内時計をリセットしましょう（➡**091**）。
- 規則的な生活をしましょう（食事のタイミングを含む）。身体の概日リズムを24時間周期の昼夜リズムや社会生活リズムに同調させるためでもあります。
- 眠る前にストレッチ・入浴などで身体をゆるめましょう。
- 就寝前に，心身，知覚に強い刺激を与えないようにしましょう。
- 寝酒は睡眠の質を下げます。

068 ネガティブな思考パターンを変えたい

　ストレスフルな状況に遭遇したとき，「自分は何をやってもダメだ……」など，いつもネガティブな考えが頭に浮かんで，気分が落ち込んでしまうことはありませんか？　ストレス状況で自然に浮かんでしまう思考のことを**自動思考**と呼びます。自動思考には，**偏った推論**が関わっています。「自分は馬鹿だ」などの「レッテル貼り」，必ず成功すべき，などの「べき思考」，白か黒か（イチかゼロか），などさまざまですが[068-1, 068-2]，体調の悪いときや不安が強いときは，偏った推論がいっそう強くなります（表）。

　思考パターンの偏りは，認知行動療法の手法を使うと気づきやすくなります。上司と部下やグループ研修などでやってみるのもいいでしょう。

- アセスメントシートを使ってみる──「自分はダメだ」と考えるとどんな気持ちになり，どう行動してしまうかを書き込んでみましょう（図）。思考，感情，行動，身体を切り分けて眺めてみることで自分を客観視でき，問題を自分中心の視点から**脱中心化**できます。繰り返し記入してみると，怒りを感じるパターン，落ち込むパターンなどが見えてきます。

- 問題の外在化──「否定的な事を考える妖怪がいる」と問題を自分と切り離す，自動思考を裏づける根拠と自動思考にはそぐわない反証を紙にリストアップし，両者を俯瞰しながら比較するなどです。

- 脱フュージョン──自分で発する言葉そのものからも，不快な感情に囚われることがあります。これを**認知的フュージョン**と呼びます。たとえば「心配性でいつまでもクヨクヨする」という表現を，「神経が細やかで思慮深い」という表現に変えると，良い側面が見えてきます。これを**脱フュージョン**あるいは**リフレーミング**などと呼びます。ネガティブな思考が浮かんだら，「親友へのアドバイスならどんな言葉をかけるか」と，別の表現を考えてもいいでしょう。さらに詳しく学んでみたい方は，市販の文献[068-3, 068-4, 068-5]をおすすめします。

表　偏った推論の例

恣意的推論 arbitrary inference	根拠もなく，他人の心を読みすぎたり，将来のことを先読みしすぎたりして，事実から飛躍した悲観的な結論を出してしまう。
白か黒か思考 dichotomous thinking	極端な考えだけで，バランスの取れた考えを認めない。All or nothing の考え方。
マイナス化思考 disqualifying the positive	良い出来事や日常のなんでもない出来事を，悪い出来事だと解釈する。
感情的決めつけ emotional reasoning	自分の「感情」を根拠に状況判断する。うつ状態では否定的な感情に支配され，否定的な結論ばかり出てしまう。
自己関連づけ personalization	よくない出来事を，根拠なく自分のせいとする考え方。
べき思考 should statements	過度に「〜しなくてはいけない，〜すべき」と考え，自分を追い込む考え方。
(誤った)レッテル貼り (mis-)labeling	歪んだ認知によって，否定的な自己イメージを作り上げる。→「遅刻した＝自分はだめな人間だ」

図　脱中心化を促すアセスメントシートの例

体験と自分の思考・感情・行動・身体的反応の循環を理解しましょう。

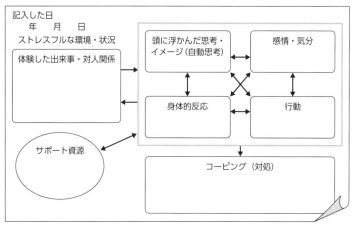

069 休暇中に心には何が起きてるの？

▷ **リカバリー経験**　就業中のストレス体験によって引き起こされた急性ストレス反応や，その体験によって消費された心理社会的資源（個人的な資質と人間関係や他者からのサポートなどの総称）を元の水準に回復するために行う，就業時間外の活動を，**リカバリー経験**といいます[069-1]。リカバリー経験には，仕事と心理的距離をとる，心身のリラックス，自己啓発による技能の熟達や自己実現，自分のスケジュールを自分で決めるコントロール感，の４つがあり（図１），それらの経験が，心理的ストレス反応の低下，ワーク・エンゲージメント（➡**080，088**）や仕事のパフォーマンスの向上と関連することがわかっています。

▷ **長期休暇の効果および週末の休息効果**　長期休暇の研究[069-2, 069-3]では，２週間の長期休暇を取得すると，バーンアウト尺度得点[069-4]は，休暇開始直後に急激に低下し，休暇終了後１週間で元のレベルに戻ることが示されています。少なくとも仕事から離れる休暇中は一時的に「リカバリー経験」がもてることがわかります。毎週末の短期の休息効果の研究によると[069-5]，仕事以外の活動をして，ストレス要因から離れることで，職場の人間関係への感情のコントロールに向ける努力が減ったり，周囲から援助を受けられる機会が増えたりして，パフォーマンスの向上やストレス反応の低下が生じます。一方，仕事外のストレッサーがあると，ストレス反応を強めることがあるので，注意が必要です。

▷ **新しい休暇の取り方「ワーケーション」**　**ワーケーション**とは，ワーク（仕事）とバケーション（休暇）を組み合わせた造語で，普段の職場から離れたリゾート地で休暇をとりながら働くスタイルです。企業にとっては，有給休暇の取得率向上，企業価値向上，生産性の向上，地域との関係性構築などのメリットが見込まれます。従業員にとっては，空間的に職場を離れて，仕事に対して心理的距離をおきやすく，場合によっては，リカバリー経験を増やせます。長期休暇と週末休息の効果を両方得ることができるワーケーションですが，図２に示されているように仕事外の**ストレス管理**がポイントになるでしょう。

図1　ストレス反応からのリカバリー[069-6]

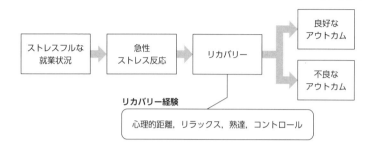

図2　週末の活動が仕事に与える影響[069-7]

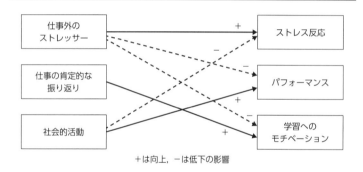

＋は向上，－は低下の影響

休暇の実証的なメリット

- 長期休暇をとれば，就業中のストレス体験からのリカバリー効果は1週間ほど続きます。
- 毎週末の休暇は，仕事以外の良好な人間関係に触れる機会が増えれば，ストレス反応を低下させます。
- 事業所は，長期休暇・短期休暇のよさを融合したワーケーションのような新たな休暇制度を取り入れていくことも大切です。

仕事に関して，同じような表現で忠告や叱責をしても，奮起して頑張れる人と，落ち込んで動けなくなる人がいるのは，人によって**ストレス耐性**や**ストレス管理**の仕方に違いがあるからです。管理職の世界にいると，ストレス耐性が強くストレス管理も上手な人が多いため，ストレス耐性の低い人の反応が理解できずに困ることがあります。

▷ **耐性の窓**　　ストレス耐性は，根性や，気合といった精神論の問題ではなく，無意識に制御される「自律神経の自己調整」が影響しています。人が他者と社会的に関わるためには，適度な覚醒レベルが保たれ，怒り，悲しみ，喜びといった情動機能が調節されて，「上司の話を聞き，指摘している出来事・内容を想起できる」「上司の言葉の意味を理解し，自分の意見と対応させる」などの認知機能が適切に働く状態であることが必要です。**ポリヴェーガル理論**（多重迷走神経理論）においては**社会的関わりシステム**と呼ばれており，腹側迷走神経複合体によって調整されると示されています。このシステムが機能している状態のことを**耐性の窓**あるいは**耐性領域**と呼びます（図1）。

▷ **耐性の窓の個人差**　　生体は，環境が安全でないと感じると，社会的関わりシステムから自動的に交感神経の**闘争・逃走反応**に移ります。それでも戦うことも逃げることもできないと，次は背側迷走神経のモードに切り替わります。身体は凍りつき，失神・嘔吐，徐脈などが生じ，自己感覚からの分離という状態が生じます。職場で上司から叱責を受ける場合，この最後の凍りつき状態になるかもしれません。どのレベルのストレスで神経モードの切り替わりが生じるかは，小児期の逆境体験の程度などによっても変わります。耐性の窓の大きさは人によって異なりますが，訓練によってある程度変化させることもできます[070-1]。「心理的安全性」（図2）が確保されている状態であれば，感情が混乱したり，身体の凍りつきが生じることが少なく，耐性の窓で，しっかり上司の言葉を受け止めることができるでしょう。

図1　耐性の窓と多重迷走神経階層[070-2, 070-3]

覚醒領域	・交感神経の「闘争／逃走」反応（パニック発作，混乱など）

耐性の窓 最適な覚醒領域	・腹側迷走神経の「社会的関わり」反応 ・落ち着いて，人と会話できる状態

低覚醒状態	・背側迷走神経の「固まる」反応（解離，失神，嘔吐，徐脈， 　無呼吸なども含む）

図2　心理的安全性[070-4]

「このチームでは対人関係上のリスクを取っても安全な場所であるという認識が共有されている状態」が心理的安全性の定義（➡009，020）。

対人関係上のリスク

・無知だと思われる不安
・無能だと思われる不安
・邪魔だと思われる不安
・ネガティブだと思われる不安

働く人の「こころの耳の相談サービス」

厚生労働省が働く人に向けた電話相談サービスを運営しています。本人以外にその家族，人事担当者からの相談にも対応しています。

メンタルヘルス不調や，ストレスチェック制度，過重労働による健康障害の防止対策などについての困りごと，悩みごとなどを相談できます（電話，SNS，メールでアクセス可）。

https://kokoro.mhlw.go.jp/soudan/

071 心と体がかみあわないときはどうすればいい？

　会議中やお葬式といった，笑いが不適切な状況で笑いがコントロールできないという人がいます。この笑顔，笑い，という身体反応は，愉快な感情の表出ではなく，ふざけているわけでもありません。原因は極度に緊張し不安や苦痛を抱えているため，自律神経が過度の緊張を和らげ，恐怖心を回避するために**自己調整機能**が働いて，自動的に笑ってしまうのです（図1）。ストレスがかかると，ドカ食いしてしまったり，苦しいとき涙が出るのも，食べることや泣くことで副交感神経を活性化させ，身体の緊張をほぐすための自律神経の自己調整なのです。

▶ **失笑恐怖症**　　笑ってはいけない場面で笑ってしまう，我慢すると余計に笑いが止まらない，笑ってはいけない場面で笑うのではないかと恐怖に感じることがある，笑ってはいけない場面で笑っている自分が，周りからどう思われるか不安になるなどの症状が6カ月以上も続くときは，**失笑恐怖症**かもしれません。周囲から誤解されて人間関係が悪化し，アルコールに逃避したり，うつ状態になることもあります。

　日常生活で，心身がリラックスできるように環境を調整することが有効な対処法です。しかし，それが困難なために発症するのですから，1人で悩まずに，社内の保健衛生スタッフに相談したり，心理カウンセリングや心療内科を受診するなどして，心の専門家の力を借りて対処しましょう。公認心理師・臨床心理士は，社会に適応的で，自身の健康力をアップするやり方で，自律神経の自己調整ができるように，ともに考えてくれるでしょう。**自律神経の安定化セラピー**，**薬物療法や認知行動療法**などが有効な場合があります。

▶ **情動回路のエラー**　　失笑恐怖症とは別に，あらゆる感情をほとんど生起できない**失感情症**であったり，一般に喜ばしいはずの場面で，辛く苦しい気持ちになったり，とても辛い状況のはずなのに，安心したりといった，常に状況とミスマッチな感情が生じている場合は，情動回路への対処が必要な場合があります[071-1]。この場合，「トラウマ臨床」をキーワードにセラピストを探しましょう。

図1　**自律神経の自己調整**[071-2]

私たちの自律神経は自律的にアクセル・ブレーキがかかって，覚醒レベルの許容範囲を維持します。

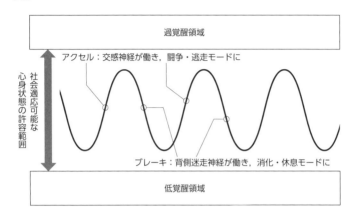

図2　**パペッツの情動回路**

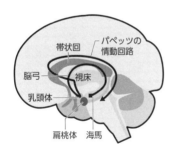

情動に関わる神経回路には，主に**中枢起源説**と**末梢起源説**があります。中枢起源説の1つがパペッツの情動回路です。

このキーワードでも検策！

社交恐怖症（社交不安症）：何かを実施する特定の対人場面に曝露することに関する恐怖および不安のことです。それらの状況は回避されるか，耐えるのに強い不安を伴い，大半の患者は，自身の恐怖が不合理で，過剰であることを認識しています。

072 危険なメンタル状態に 早めに気づくには？

　2015年12月から事業所に**ストレスチェック**制度が施行されました。事業所が職場環境を把握し，改善することや，労働者が自身の職業性ストレス状況を把握することを目的として開発されています。しかし，ストレスチェック制度の目的がうつ病のスクリーニングだと誤解している方も一定数いるようです[072-1]。職場の**ストレスケア**には，セルフケア，ラインによるケア，事業場内産業保健スタッフ等によるケア，事業場外資源によるケア，の４つのタイプがあります。ストレスチェック制度の効果として，セルフケアである「労働者のストレスへの意識の高まり・ストレスやメンタルヘルスへの正しい理解の端緒」などが挙げられています[072-2]。職場内で身近にラインのケアに関われるのは，同じオフィスの同僚・上司でしょう。お互いに日常の勤務状況の観察から，心の健康状態に気を配り，「普段との違い」に気がついたら，「ご体調いかがですか？」などの声を掛けあえる雰囲気をつくることが職場のメンタルヘルス向上に役立つでしょう。特に管理職の方は，以下の点を心がけてみましょう。

- 職場の**コミュニケーション**をよくし，**ストレッサー**を把握する。
- 部下をよく**観察**し，必要に応じて**個人面談**などの場をつくる。
- ストレスの受け止め方や健康障害への陥りやすさの**個人差**を理解する。
- 高ストレス状態にあるメンバーに，**業務上配慮**などの支援を怠らない。
- 必要に応じて，**専門スタッフ**と**連携**をとる。
- 十分に**プライバシー**に対する配慮を行う。

　上司・部下の上下関係では，上司から部下の本音を聞き出すのは，以外に難しいものです。１on１ミーティングの支援ツールやオンラインのストレスチェックシステムも開発が進んでいます。ストレス管理もDXを利用するとよいかもしれません。

図　危険な兆候

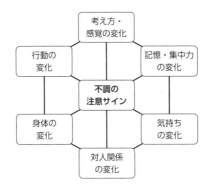

行動の変化
- 眠れない
- 朝，起床しにくい
- 買い物をたくさんする
- 過食・食事をしなくなる
- アルコールやタバコが増える
- 行動がゆっくりになる。あるいは妙に速い
- お風呂に入らない
- 身なりに無頓着になる
- 自傷をしてしまう

身体の変化
- 体重増加・減少
- 緊張感・肩こり
- 身体が重い
- ザワザワ，フワフワする
- 頭痛がする

考え方・感覚の変化
- 悲観的・否定的に聞こえる
- 被害妄想的に考える
- 音が大きく聞こえる
- 光がまぶしく感じる

記憶・集中力の変化
- 物忘れがひどい
- 人の話，テレビ，本などに集中できない
- 判断ができない

気持ちの変化
- 不安感，イライラ感が強い
- 気が狂うのではないかと怖い
- やる気が出ない
- 憂うつで楽しくない
- 感情が感じられない

対人関係の変化
- 怒りを他人に八つ当たりする
- 人と会いたくない

仕事上の行動の変化

- 遅刻，早退，欠勤が増える
- 休みの連絡がない
- 残業，休日出勤が増える
- 業務の効率が低下している
- 報告や相談，会話が少なくなる（あるいは極端に多くなる）
- ミスや事故が目立つ

073 コミュニケーションを工夫して 対人ストレスを軽減したい

　厚生労働省によると仕事や職業生活に関することで強い不安，悩み，ストレスを感じている労働者の割合は，2020年は54.2％で，そのなかで，対人関係（セクハラ・パワハラを含む）は27.0％となっています（図）。対人関係の改善に取り組むことは，ストレス性の病気を治癒したり，予防するほど力があります。イヤな気持ちが起こるということは，「このままの状況ではよくない」という心の悲鳴です。その気持ちにフタをしてしまって，感じないようにすると，いっそう事態が悪くなる可能性があります。

▶ **組織内の人間関係でイヤな気分になったとき**　　次の2点を振り返ってみてください。自分は相手にどのような役割を期待していたでしょうか？　お互いが相手に期待している役割は一致していたでしょうか？　対人ストレスを減らすための対処法4点[073-1]がヒントになります。

- 話し合いの習慣をつくる──「ああ言えばよかった，どうしてあのときに言い出せなかったのか……」と後悔したら，次の機会をつくって，話しあえばいいのです！

- 相手に批判されたと思ったときのコミュニケーション──何を批判されているのか確認する習慣を身につけましょう。批判は，ポイントが絞られるほど受けるストレスが少なくなります。全人格を否定されていると感じるとストレスが大きいからです（➡**030**）。

- 伝えたい内容が伝わらず，お互いに不快になるとき──私を主語にして私の状態だけを伝える。勝手な思い込みや評価を相手にぶつけないようにしましょう。このような伝え方を**アイ（Ｉ）・メッセージ**といいます[073-2]。

- 自分の役割が変化したときは，変化に関連する感情，親しい人たちとの関係の変化，新たな役割で必要とされることなどを考えて，新たにストレス対処法を見直しましょう。

仕事や職業生活に関する強い不安，悩み，ストレスを感じる労働者の割合

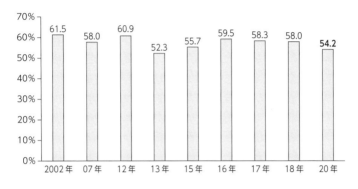

「仕事や職業生活に関する強い不安，悩み，ストレスを感じる」とした労働者のうち，その内容

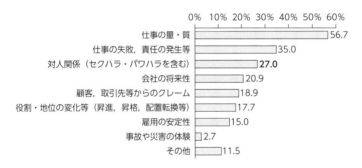

積極的な聴き方（傾聴）のコツ

- 呼吸のリズムを合わせる。
- 正面に座らずに，90度から180度の位置に座る（緊張感が減る➡061）。
- 自分との比較ではなく，相手に興味関心をもつ。
- 言葉や，身振りにミラー反応（相手と同じ動作をすること）を使う。

074 うつ病から職場復帰してきた従業員への接し方は今までと同じでいいの？

2020年11月1日から翌年10月31日までの期間にメンタルヘルス不調により連続1カ月以上休業した労働者の割合は0.5％，退職した労働者の割合は0.2％となっています[074-1]。**うつ病**などにより休職し，治療後に**職場復帰**するにあたって，症状が改善したことを示す精神科医の診断書や意見書が提出されますが，復職許可が出たからといって，症状がすっかりよくなっている方ばかりではありません。事業所で定められた休職期間・傷病手当期間，本人の経済状況などの理由から，復職を早める人が多いからです。精神障害による労災補償請求を起こさないためにも，うつ病からの復職者には適切な対応が必要です。

うつ病は，脳の前頭前野機能の低下を伴う疾患であり，注意集中，注意の切り替えなどの機能が低下します[074-2]。図1は，ある従業員の休職時から復職後2.5年目までの注意制御検査結果です。この事例は，課題遂行に欠かせない注意機能が健常者の範囲で安定するのは，復帰後1年程度かかることを示しています。周囲が「休職前と同じ仕事だから，大丈夫だろう」と思っても，復職1年目は業務遂行に思いのほか大きな努力や時間が必要です。さらに本人には，「以前と同じように仕事がスムーズにできない」ことが新たなストレスになります。

図2では，うつ病は，本人が自覚するのは，身体症状が主で，精神症状は医師が聞き出すことによって自覚することを示しています。職場復帰後，身体の不調を感じながらも，人事考課をこれ以上悪くしたくない思いから，弱音は吐かずに頑張りすぎ，見た目以上に疲労していても，再休職を要請されないように元気を装い，病気を再発してしまうことがあります。

上司は，本人の訴えがなくても，産業保健スタッフと連携しながら，復帰後1年間程度は，仕事の量，勤務時間に配慮していくことが必要でしょう。

図1　休職中から復帰後2.5年目までの注意制御検査の推移[074-3]

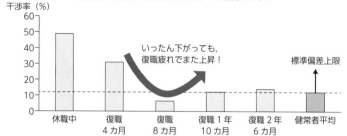

復職後，健常者並で安定するのは，1年程度かかる！

干渉率（%）

いったん下がっても，
復職疲れでまた上昇！

標準偏差上限

| 休職中 | 復職
4カ月 | 復職
8カ月 | 復職1年
10カ月 | 復職2年
6カ月 | 健常者平均 |

干渉率：やるべき課題が他の刺激に邪魔されやすい程度。低いほど注意制御が秀逸という意味です。

図2　うつ病の症状[074-4]

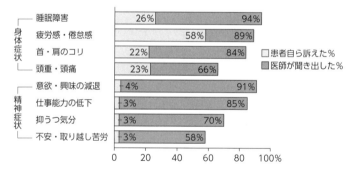

本人が意識するのは，身体症状が中心！

身体症状
- 睡眠障害　26%　94%
- 疲労感・倦怠感　58%　89%
- 首・肩のコリ　22%　84%
- 頭重・頭痛　23%　66%

精神症状
- 意欲・興味の減退　4%　91%
- 仕事能力の低下　3%　85%
- 抑うつ気分　3%　70%
- 不安・取り越し苦労　3%　58%

□患者自ら訴えた%
■医師が聞き出した%

復帰後のサポートをするための6つのポイント

- あまり態度を変えずに，今まで通り自然に接しましょう。
- 話し相手になってあげるなどで，温かく見守りましょう。
- 重要な決定は先延ばしにさせましょう。
- 外出や運動を無理にすすめず，ゆっくり休ませてあげましょう。
- 仕事などの日常生活上の負担を減らしてあげましょう。
- 仕事の種類は1つずつ，納期までの時間の余裕をもって与えましょう。

メンタルヘルスケア

VII

161

　障害者雇用を会社のアセットとして活用できている事業所の多くは，障害者の心身を健康に保ち，就労を持続可能にするための環境を制度として整備しています。短時間勤務制度や，通院するための休暇をとりやすくしたり，障害者従業員が安心して相談できる，伴走者的な担当職員を配置したり，相談窓口を設置したりするなどの対応をとっています[075-1]。

　一方，日本人が一生のうちにがんと診断される確率は，2019年の時点で男性65.5%（2人に1人），女性51.2%（2人に1人）であり，2009〜2011年にがんと診断された人の5年相対生存率は男女計で64.1%（男性62.0%，女性66.9%）ですから，いわゆる「健常者」であっても，図1にみるように男性は50代から，女性は40代から仕事をもちながらがん治療で通院している人が急増するのです[075-2]。

　仕事と治療を両立するためには，障害者雇用の方と同様に個別の配慮が必要になります。必要な配慮・対処を具体化して，実施するためには，患者である従業員と事業所，医療機関との間の連携が大変重要です。しかし治療中の従業員が自ら調べて動くことは困難です。そのために，患者である従業員，主治医，事業所，産業医のコミュニケーションを円滑にする役割を担う**両立支援コーディネーター**が必要です[075-3]。コーディネーターの担い手には，医療機関の医療ソーシャルワーカー，看護師等，企業の人事労務担当者，産業保健スタッフ，産業保健総合支援センターの両立支援促進員などが担当します。コーディネーターは，患者・従業員に継続的に相談支援を行いつつ，主治医・事業所・産業医と連携・調整を行い治療と仕事の両立プラン作成などの支援をしていきます。この仕組みのことを**トライアングル支援**と呼びます。長引く疾患のために通院する従業員も障害者雇用の方も，ともに利用できる両立支援システムをつくることが，今後の人事管理のインクルージョンマネジメント（➡**080**）として求められています。

図1　仕事をしながらがん治療をする人は多い[075-4]

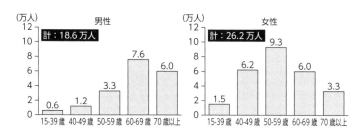

図2　がん患者にとって両立のために必要なこと[075-5]

（上位5項目抜粋）

勤務時間を短縮できる制度	68%
長期の休暇や休暇制度	63%
がん・後遺症等について周囲の理解	55%
柔軟に配置転換できる制度	47%
職場の人々の精神的な支え	43%

0%　　20%　　40%　　60%　　80%

両立支援を行うための環境整備[075-6]

* 事業者による基本方針等の表明と労働者への周知
* 研修等による両立支援に関する意識啓発
* 相談窓口等の明確化
* 両立支援に関する制度・体制等の整備
  * 休暇制度，勤務制度の整備
    * 休暇制度——時間単位の年次有給休暇，傷病休暇・病気休暇
    * 勤務制度——時差出勤制度，短時間勤務制度，在宅勤務（テレワーク），試し出勤制度
  * 労働者から支援を求める申し出があった場合の対応手順，関係者の役割の整理
  * 関係者間の円滑な情報共有のための仕組みづくり
  * 両立支援に関する制度や体制の実効性の確保
  * 労使等の協力

076 発達障害と精神障害，効果のあるサポートは違うの？

2021年3月より従業員数43.5人以上の企業に義務づけられた障害者の法定雇用率は2.3％となり，共生・多様性社会の実現，労働力の確保などが期待されています。人事担当者，現場担当者はもとより，事業所の同僚は雇用した従業員の障害特性を理解し，生産性を高めるチームをつくっていきたいものです。しかし，精神障害・発達障害に対する職場環境の理解や受け入れ体制にはばらつきがあり，職場と障害者従業員との間に困難が生じるケースや，同僚・上司から障害者に対する虐待の報告も多くなっています[076-1]。

▶ **発達障害へのサポート**　知的能力障害のない**自閉スペクトラム症**だと，言語能力が高く，多動性もない場合，一見，障害はわかりません。しかし，職場の一員となると，場の「空気」が読めなかったり，一方的な会話が目立ったりすることで，同僚・上司との円滑な人間関係を築くことができずに周囲との感情的な衝突が発生したり，仕事のトラブルが生じる場合があります。このような神経発達障害は，先天的な中枢神経系の機能的偏りで，その特性は生涯続きます（親の養育や人生経験が原因ではありません）。さらに図のような下位分類があります。**神経発達障害**では，視覚や聴覚からの情報をスムーズに処理できない「知覚統合」の問題を抱えることも多く，話し言葉の意味理解に時間がかかる，視覚的な情報（図表，グラフなど）の理解が苦手，などがあるため，知覚・認知機能特性をサポートすることが最重要です。作業工程を視覚的に構造化して理解しやすくするなども，サポート例の１つです。

▶ **精神障害へのサポート**　**統合失調症**，**うつ病**，双極性障害，適応障害などの**精神障害**は，環境と個人の特性の相互作用によって，後天的に生じる疾患です。病気ですから，薬物療法や精神療法によって回復可能です。疲労しやすい，気分の変化が大きいなどが特徴ですので，体調への配慮や情緒的なサポートが効果的です。神経発達障害のメンバーが，特性に合わない環境ストレスで，うつ病などの二次障害を発症するときは，環境原因をともに探索するサポートも大切でしょう。

図　発達障害の分類⁰⁷⁶⁻²

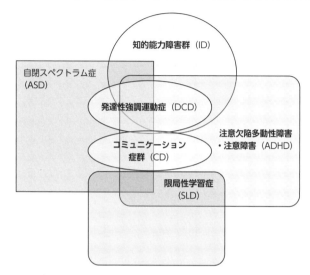

- ASD——社会性・コミュニケーション障害や柔軟性のなさなどが特徴。職場では，急なスケジュールの変更，多様な種類をこなす仕事，営業，他者との共同作業は苦手だが，一度，1つの仕事に適応すると，非常に高いパフォーマンスが出せる場合があります。1人で没頭するような仕事あるいはマニュアルがしっかりある仕事に向いています。スペクトラムとは，特性の強さは，ゼロか100かではなく，グラデーションがあるという意味です。
- ADHD——衝動性，不注意，多動性が特性です。社交性はあります。衝動的な発言・行動が多い，1つのことに注意が向くと周りが見えなくなるなども特徴です。規則の厳しい職場では適応が難しいときがあります。
- SLD——全般的な知的水準は低くないのに，「読み」「書き」「計算」「数学的な推論」などの学習スキルのうち，特定のものの習得や習熟が著しく困難な脳の特性があります。読字が苦手な人は，PCなどの読み上げ機能を使うなど，他のツールでカバーすれば，能力を発揮できます。学習が始まる小学校以降に気づかれやすいといわれており，知的能力障害とは違って得意な分野では良い成績をとる子も多いため，「頑張りが足りない」と思われがちです。

発達障害と精神障害を混同しないために

- 発達障害とは，先天的中枢神経の発達特性です。特性を考慮した環境調整と認知的サポートが重要です。
- 精神障害とは，複数の要因がきっかけとなる後天的疾患です。薬物療法・精神療法が必要で，情緒的サポートが重要です。

VIII

モチベーション

働きがいのある職場づくり

077 部下のやる気が高まる環境と褒め方を知りたい

　チームリーダーになると，部下たちの仕事への**やる気**を高め，仕事のスキルや適応力を育てなければなりません。部下育成の基本は，「リスクを引き受けて部下に仕事を任せ，適切なタイミングで適切なフィードバックを与える」ことです（➡**041**）。しかし，部下のやる気には個人差があり，一様な対応ではうまくいきません。では，やる気の個人差とはどこから生じるのでしょうか？

　人間の欲求は図のように５段階に分かれています。①は生きるための**生理的欲求**，②は心身の健康と経済的安定を維持する欲求です。③は所属する会社・家庭・学校などの組織に一員として受け入れられたい欲求で，**帰属欲求**ともいいます。④は他者，たとえば親・上司から認められたい，部下，同僚から尊敬されたいという**承認欲求**です。他者からの賞賛・承認によって自己の存在意義を満たすのです。出世欲もこの１つです。⑤は自分の価値観に基づいて，自分が成長し続けることを願う欲求のことで，**自己実現欲求**といいます。

　①〜④の欲求は欠乏が満たされると行動を起こす意欲が低下します。一方，自己実現欲求は成長動機を高め続けるため行動意欲が枯渇しません。部下のやる気を高めるには，相手がどの段階の欲求で働いているのかを見分けることが重要です。

　会社組織では，まず①と②の欲求が満たされる環境整備が求められ，次に③の所属感を高める友好的な人間関係と割り当てられる仕事が必要です。さらに④の承認欲求が満たされるように，上司から本人の働きへのフィードバックが必要です。目に見える成果がでないときには，取り組み中のプロセスを評価することで，意欲を継続でき，⑤の成長動機をもつようになるかもしれません。

図　マズローの欲求5段階説と成長動機

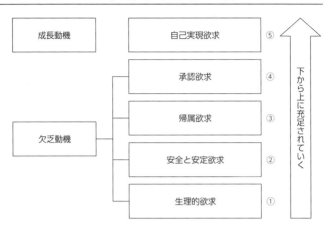

極端に自信のない人には,「褒める」ことが疑心暗鬼を引き起こすことがあります。自己肯定感尺度を用いて, 部下の自己肯定感レベルをチェックしておくのも1つの方策です。自己肯定感が低い部下には**特異的賞賛**(下記)を利用したフィードバックで相手への承認を伝えましょう。

ウェルビーイング経営

> マズローの欲求5段階説は, データに基づかないこと, 文化差を考慮していないなど, 批判されています。一方, 123カ国, 6万865名についての調査で, 文化の違いによらずマズローの説が当てはまることが確認できたという研究もあります[077-4]。21世紀では,「身体的, 精神的, 社会的に良好な状態にあること」というウェルビーイングの概念を拡張し, **ウェルビーイング経営**を掲げる企業が増えています。そこには職場環境, 心身の健康・安全, 組織文化心理的安全性, ワークライフバランス, 人材開発, 評価報酬, 取引先, コミュニティ, 人材組織のレジリエンスなどの身体から社会, 組織まで仕事をする人間に関わる項目が階層ではなく, 並列に幅広く考慮されています。

褒め方にもひと工夫！

特異的賞賛：客観的に目にすることができる, 具体的な事実についてのみ, 評価・賞賛すること。人格を褒めたり, 結果の全体的な賞賛をすると, 自己肯定感の低い人は, 相手の言葉を信じられなくなり, 自己否定を強めてしまう。

078 細かく指示を出すより 裁量を与えたほうが効果的なの？

　メンバーに業務を担当させるとき，よかれと思って細かな指示を出しすぎていたり，逆に任せきりにしていませんか。指示を出しすぎるとメンバーに煙たがられ，任せきりにするとメンバーは何をしでかすかわかりません。また，業務がうまくいかずに失敗したときには，「指示が悪かった」「サポートしてもらえなかった」などと理由をつけて，せっかくの学習の機会も逃しかねません。

　自分で決定することができることによって，動機づけが高まることが知られています[078-1]。つまり，メンバーは，自分に裁量があること（**自己決定感**）によって，良い気分で業務に取り組むことができ，成績が高くなる可能性があります。

▶ **裁量が与えられると失敗にも肯定的になれる**　ストップウォッチを使って4.95秒から5.05秒の間で止めるゲームを行った実験（図）では，自分でストップウォッチのデザインを選ぶことができる（自己選択条件）とコンピューターにそのデザインを指定される（強制選択条件）を比較しました。その結果，ストップウォッチの機能に違いはないにもかかわらず，自己選択条件のほうが強制選択条件よりも成績が高くなりました。さらに，90％以上の参加者が，自己選択条件のほうが強制選択条件よりも良い気分で取り組んでいると回答しました。また，ゲームに失敗したとき，自己選択条件ではその失敗をポジティブに捉え，やる気と成績の向上に寄与していることが脳活動からわかりました。

▶ **裁量は慎重に**　メンバーにどの程度の裁量を与えるのかは，コミュニケーションをとりながら調整しましょう。また，経験の浅い業務や重要業務などのメンバーにとって荷の重い業務を主体的に担当させるときには，十分なサポートを行うなど任せきりにしないように特に気をつけましょう（➡**039**）。

実験のイメージ

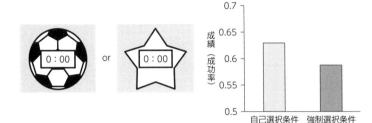

ストップウォッチを使って4.95秒から5.05秒の間で止めるゲーム。自己選択条件では，ストップウォッチのデザインを選択できた（ボール型か星型）のに対して，強制選択条件では，指定されました。自己選択条件のほうが強制選択条件よりも成績が高くなりました。

失敗したときの脳活動に違いあり

前頭前野腹内側部の活動に違いが現れた。

- 自己選択条件──「次がんばるぞ」（成功時より脳活動は低下しない）
- 強制選択条件──「ダメだ」（成功時より脳活動は低下）

> **ちょっとした応用**
>
> 会社から支給されているパソコンを使用するとき，マウスやキーボードを自分好みのものを使用するのも1つの工夫かもしれません。機能的な違いがなくても，日々の業務に対してちょっとした自己決定感を得られる可能性があります。

VIII

モチベーション

079 やる気をくじく仕事とは？

　入社当時は，やる気に満ち，生き生きと仕事をこなしていた社員がだんだんとうつろな目になってしまうということは，しばしば生じます。何がストレスになっているのか検討するうえで大切なのが，仕事量と裁量範囲（自己決定感➡**078**）の関係です。

　仕事 - 要求コントロールモデルは，仕事上の要求の影響が職務裁量の範囲によってどのように変化するかを検討したものです（図１）。ストレスが最も高くなるのは，仕事上の要求が高いのに，担当者の職務裁量の範囲が狭いときです。こうなると，自分の能力を発揮できる範囲が狭く，疲労・不安・抑うつなどが生じやすくなります。

▷ **犬もやる気をくじかれる**　　裁量範囲とやる気の関連を示す実験が行われたことがあります。周期的に電気ショックの流れる部屋に２匹の犬を入れ，１匹にはスイッチを押すと電流が止まる仕掛けを施した環境，もう１匹は何をしても電流が止まらない環境にします。自分の裁量で環境が変えられる条件と変えられない条件を設けたのです。

　スイッチを押すと電流が止まる仕掛けにいる犬は訓練の末，スイッチを押して自分で電流を止めることを学習しました。もう１匹の犬は何をしても電流が止まらないため何も行動を起こさなくなり，うつ状態のようになりました。次にこの２匹の犬を電気ショックが流れるけれども，柵を跳び越えて隣の部屋に簡単に移ることで，電気ショックを回避できる箱に入れました（図２）。電気ショックを自分の意思で止められない箱にいた犬は，逃げられる環境に移っても，ただずっとうずくまって電気ショックに耐えていたそうです。これは**学習された無力感**と呼ばれています。一度，自分の無力を学習してしまうと，裁量が発揮できる環境に移っても，やる気を失ってしまうのです。この実験は上司は部下に明確な仕事の目標を与え，彼らの責任に応じて十分な権限を委譲することが重要であることを示しています。

図1　心理的ストレス・不調の変化[079-1]

仕事 - 要求コントロールモデル：仕事の要求が高く職務裁量の範囲が狭いほど心理・生理的不調は増加します[079-2]。

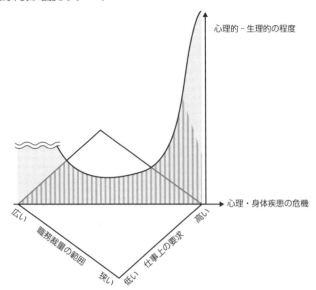

図2　「学習された無力感」を回避できた犬[079-3]

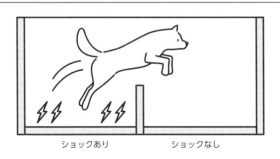

080

メンバーが生き生きと働ける職場環境を整えたい

仕事の活動水準が高くても，生活満足度があり，快適に仕事ができる状態を**ワーク・エンゲージメント**といいます（➡088）。従業員がみなワーク・エンゲージメントの状態であれば，生産性も売り上げもアップして，その事業所は発展していくでしょう。一方，仕事の要求度が高いのに，個人の資源や仕事の資源が十分でないとき，従業員の心理的・身体的ストレスが高くなり，うつ状態になってしまうと，作業効率や生産性が落ちる**プレゼンティズム**（➡066）に陥ってしまいます（図1）。

2023年現在，外国人，障害者，シニアなど，さまざまな特性の従業員が，パートタイム，非正規雇用などの多様な雇用体系で働く職場が増えています。さまざまな従業員が一緒に働き，生産性を向上できる職場・仕事の環境を整えるには，まず現在の仕事・職場の資源の評価が必要になります。チェックが簡便にできると，職場の強みや改善点を見出しやすくなるでしょう。

▶ **職場の強みを見つけるためのチェック項目**　最低でも，事業所，部署，作業現場の3つの仕事環境レベルを考慮して，それぞれに下位項目を作成し，各項目に対応する具体的な質問内容を作成します（図2）。たとえば，事業所レベルの「公正な人事評価」項目では，「人事評価の結果について，十分な説明がなされている」などです。項目に対応する質問文の例は，「職場の強みチェックリスト」[080-1]が参考になります。

質問項目ができたら，各項目について，「とても充実している」から「充実していない」までの4段階で評定してもらいます。各レベルごとに合計得点を出すと，どこが強みで，どこに改善が必要かがわかりやすくなります。職場の強みチェックには，なるべく全従業員に参加してもらいましょう。評定する人が，雇用形態（正規雇用かパートタイム雇用か，障害者枠雇用か）と，職位（管理職か一般職か），部署・職種などの職務内容，勤続年数，性別，年齢などの情報との関係も分析することが大切です。**インクルージョン・マネジメント**の重要性が増している現在，問題点に対応できる能力の高さが重要です。

図1 仕事の要求度 – 資源モデル[080-2, 080-3]

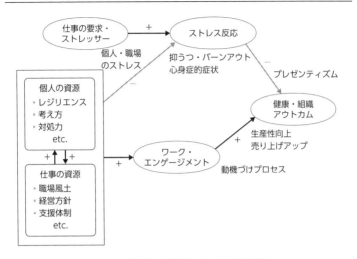

図2 仕事の資源リスト項目[080-4]

事務所レベル

- 経営層との信頼関係
- 変化への対応
- 公正な人事評価
- キャリア形成
- ワーク・セルフ・バランス

部署レベル

- 上司の支援
- 同僚の支援
- 安定報酬
- 上司のリーダーシップ
- 上司の公正な態度
- 承認・賞賛が受けられる
- 失敗を許容される

作業・課題レベル

- 仕事のコントロール
- 仕事の意義
- 役割の明確さ
- 成長の機会

インクルージョン・マネジメント

事業所経営において，さまざまな背景・特性のある社員の価値観や考え方を企業活動に活用し，成果向上を図るようにすること。

モチベーション Ⅷ

081

公平な評価だと感じられるような
評価の伝え方とは？

　従業員の評価が公平かどうかの判断は人によって変化しますから，公平の基準を考えるよりも，どうすれば公平と認められるかを考慮するほうが大切という考え方があります。

　この点については1980年代にすでに，以下の方策が挙げられています[081-1]。

- 昇進・昇格の情報を公告する
- 会社の決定審議に労働者を参加させる
- 職務の配属・配置転換の理由を説明する
- 賃上げや昇進の経緯や理由を説明する　など

　つまり，理由や経緯を公に説明する，たとえそれが管理者側に都合の良いものであったとしても，「このように公正に行っています」と内外の人に伝わることが大切であるとされます。決定の理由や経緯が明示され，内外の人がそれを理解することが，公平感にとっては基本的に大切であるとの考え方です。

　別の例では，上司に自分の提案や計画が棄却されたとき，理由を明示されたほうが理由なく棄却されたときよりも，従業員は棄却された結果に対して公正だと感じました[081-2]。もっとも，理由をいちいち説明したのでは，部下は成長しませんから，説明の仕方を工夫する必要はあります。

　図に示す実験では，従業員が自分の業績査定を受け取ったとき，なんらかの説明やコメントが付記されている場合と，何も説明がない場合の公平感が比較されました。実験の結果は，説明やコメントがあるほうが，ない場合よりも査定結果を公平と評価し，その傾向は，査定結果が「平均」や「改善の必要あり」を受け取った従業員において顕著でした。結果を受け入れる前に理由や改善への理解が必要ですから，それが提供されることが公平感をもたらすのでしょう。

図 業績評価へのコメントのあり方が公平感に与える影響[081-3]

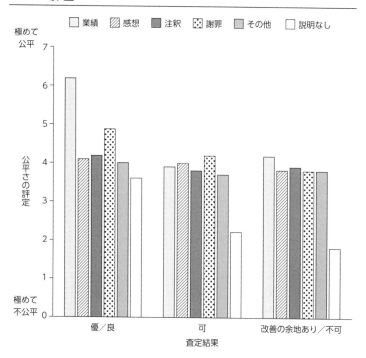

コメントの内容例：

業績 「あなたの仕事はいつも私の期待を上回っています」

感想 「この評定はあなたにとっては良いものです。改善の余地が認められます」

注釈 「あなたが望んでいたほどの高い評定はしませんでしたが，ほとんどの同僚よりは高い評定です」

謝罪 「申し訳ないですが，あなたにはこのような低い評定をしなければなりませんでした」

査定を育てるきっかけに

悪い査定のときに説明やコメントがないと，公平感の低下が大きくなります。査定が悪いときほど，コメントや改善のアドバイス，あるいは相手の仕事状況に関する事情を聞くなどを心がけることが大切です。

モチベーション Ⅷ

082

保守的な上層部に革新的なアイディアを受け入れさせるコツは？

　職場やプロジェクトで良いアイディアが生み出されれば，それは必ず組織や上司に評価されると，私たちは考えがちです。しかし実際にはそう簡単にはいきません。革新的なアイディアであるほど，上司などの評価者にとって見慣れないうえ，もたらしうる成果などの不確実性が高いため，過小評価されやすいのです（⇒028）。特に，**発散的思考**のもとアイディアを創造するクリエイターと比べると，評価者となるマネジャーは結果責任をもつ役割上，**収斂的思考**となりやすいことが知られています。そのため，上層部や管理者は保守的な判断を下し，現場やクリエイターからあがってきたアイディアの成功を低く見積もりがちなのです（図1）。

　一方，この研究では，クリエイターは自分以外のクリエイターの革新的なアイディアは比較的正しく評価できるものの，自分自身のアイディアは過大評価しやすいことも示されています。アイディアを生み出した本人としての強い思い入れがあるためと考えられます。このことから，革新的なアイディアの価値を組織でより正しく評価するためには，マネジャーだけでなく，発案者以外のクリエイターも交えた複数のメンバーで構成することが好ましいと考えられます。

　また，革新性の高いアイディアの場合，たとえ同じ内容でも，プロトタイプやデモを使って可視化し，かつ，相手に影響力を及ぼす**説得の4戦術**（①事実を用いて合理的に説得する・②助言を求める・③感情に訴える・④コラボレーションを呼びかける）を活用すると，その創造性（クリエイティビティ）が高く評価される傾向があることがわかっています（図2）。つまり，見せ方，提案の仕方を工夫することで，採用の可能性を高めることができるというわけです。

　ただし，この方法は両刃の剣であり，アイディアの革新性が低い場合には，むしろ逆効果になる可能性もこの研究結果では示唆しています。

図1　革新的なアイディアに対する評価の不正確さ[082-1]

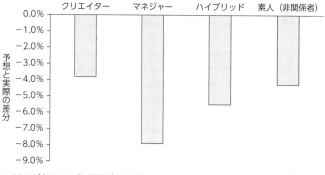

マイナスが大きいほど，評価が不正確だったとみなされるグラフです。素人を基準としてみたとき，クリエイターは素人よりも正確な判断を下せるが，マネジャーの評価は素人よりもかなり不正確であることがわかります。

図2　状況別の創造性評価の違い[082-2]

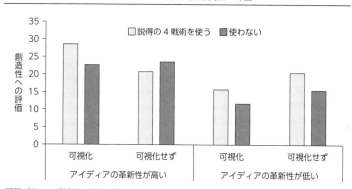

評価が高いほど採用の可能性が高まることを表したグラフです。アイディアの革新性が高いときに4戦術を使って可視化すると最も効果的です。革新性が低いときはむしろ最も評価が低くなることが読みとれます。

083 せっかく育てた有能な部下ほど辞めてしまう

　時間とエネルギーをかけて育て上げた有能な部下が，会社を辞めてしまうと，会社や職場には大きな損失になりますし，上司も落胆を禁じ得ないでしょう。

　働く人々がどのようなときに組織に参加を決め，どのようなときに離脱を決めるかについては，ノーベル経済学賞を受賞した経営学者のサイモンによる**組織均衡論**[083-1]が非常に参考になります。この理論は，自身も経営者であったバーナードの理論[083-2]を精緻化したものと位置づけられています。

　組織とその参加者の間には，資源の交換関係があります。給与のように組織参加によって参加者が得られると期待される報酬を**誘因**，労働力のように参加者が組織に提供する資源を**貢献**と呼びますが，基本的に人は誘因が貢献を上回るときに，もしくは，誘因と貢献が等しいときにその組織に参加を決め，下回れば離脱を決めると考えられています（表）。

　ただし，参加前と参加後では，少々事情が変わります。一度参加した組織を離脱するのは，慣性が働いたり，それまでに築いた人間関係やその組織固有の特殊知識を使えなくなるなどそれなりにコストがかかります。そのため，参加後は多少誘因が貢献を下回っても，参加を継続しがちになるのです。

　こうした法則にもかかわらず，育てた部下が組織離脱を意思決定したということは，それほど誘因が貢献を大きく下回ったといえます。また，有能な部下ほど自分の貢献を高く見積もるため，彼らが離脱しやすくなるのも自明の理です。

　この問題への対処は，組織の誘因を上げるのが最も効果的です。たとえば，図は，**組織内地図**が，有能な部下の**リテンション**効果をもつことを示した安藤による研究です。地図の形成度が高いと，自分に自信があっても離脱願望が抑制されることがわかっています。組織内地図の存在が，組織の誘因を高く認識する役割を果たすためと考えられます。

表　参加と離脱の意思決定基準の違い[083-3]

	組織参加前	組織参加後
誘因−貢献＞0	参加	参加継続
誘因−貢献＝0	参加しない	参加継続
誘因−貢献＜0	参加しない	参加継続または組織離脱

図　組織内地図とリテンション効果の関係[083-4]

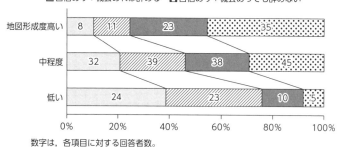

□自信なし＋機会あれば辞める　☑自信なし＋機会あっても辞めない
■自信あり＋機会あれば辞める　⊡自信あり＋機会あっても辞めない

数字は，各項目に対する回答者数。

組織内地図

組織目標実現のために，組織メンバーが各々の立場から，自己の役割や位置づけを自分なりに理解・解釈している状態を指すものです[083-5]。組織内地図は，
　　①目的地（組織の目標）
　　②現在地（現在の自分の立場や役割）
　　③現在地から目的地までのパス
の3要素で構成され，組織内地図が十分に形成できている人ほど，学習活動が活発になることがわかっています。

084 部下が報酬や処遇に不満をもっているようだ

　組織には序列があるうえ，何を公平と捉えるかは個々人の立場や価値観で違うため，組織の全員を満足させることは不可能です。特に，業績と報酬の関係が必ずしも明確な関係になっていない組織は多く，それが不満の原因になっていると，**期待理論**は述べています（図1）。そこで，従業員参加のもと，新たな給与体系が報酬の改善につながると従業員に明確に認識させるような組織改革の実施は，改善策の1つといえます。ただし，これは大がかりすぎる対策ですし，不満の原因が報酬そのものより，自己を正しく評価できていないことに見出せる場合には，別の対策が必要です。

　2000年にイグノーベル賞の心理学賞を受賞し，広く知られるようになった**ダニング‐クルーガー効果**（図2）では，客観的にみて業績が悪い人でも，自己評価は「平均並み」とかなり高くなる傾向が指摘されています。そして，こうした状況にある人は，実際の処遇が自己評価と大きく異なることから，たとえ業績と報酬の関係が明確であっても，不満を抱くことでしょう。この認知バイアスは，自己の客観視に必要な**メタ認知**（→059）の不足により生じますが，トレーニングである程度は改善可能であると説明されます。

　実は，このダニング‐クルーガー効果は，単なる**平均化傾向**（自分を平均的な存在と捉えること）にすぎない，あるいは，実験対象がすべてコーネル大学という優れた大学の学生であるため，実際はそれほど差がない（分散が小さい）からこその結果などと，さまざまな論争が巻き起こっています。

　しかし，大企業の従業員は比較的粒ぞろいであることや，実際に認知バイアスが存在することを考えれば，ダニング‐クルーガー効果の考え方を大企業の従業員に適用したり，参考にすることはできそうです。同じ研究者グループによる別の研究では，第三者的な視点を取り入れた過去の業績を基盤にした自己評価を活用することも，組織として正しい評価を行い，それに基づく処遇を行ううえで有用とされています[084-1]。

図1　期待理論モデル[084-2]

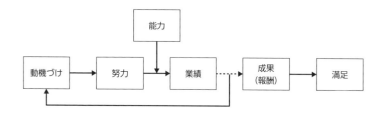

図2　ダニング‐クルーガー効果[084-3]

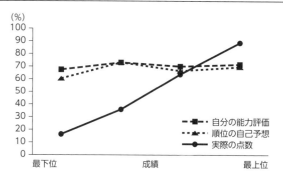

コーネル大学の学生を対象に，ユーモア，論理性，文法力などに関して，自分の能力評価，テストの得点についての順位予想を尋ね，実際のテストの成績をもとに4つのグループに分けたところ，最上位グループでは自己をやや過小評価する傾向が，最下位グループでは過大評価する傾向が確認されました。

このうち，このグラフは，文法力についてのグラフですが，他の指標に関しても同様の傾向が見出せます。

　管理職であれば，部下を適材適所に配置して，マンパワーを最適化し，仕事の効率化を図りたいものです。しかし，正当な配置転換であっても，パワハラと受け取られてトラブルになることもあります。伝えるにしても「君は○○のほうが向いているよ」という言い方で素直に聞き入れる人のほうが珍しいでしょう（→**062**）。しかもそれを本人が自覚していない場合が多いですし，仮に薄々自覚していると，「配置転換」というエネルギーが必要な行動は後回しにしたくなるのも当然です。

▷ **部下に自身の持ち味を意識させる**　　終身雇用の時代は，企業固有のスキルを育成するために，人員配置は組織主導でした。しかし現在，人材は流動的かつ多様になりつつあるため，「自己選択型の異動管理」や「個別プラン型の人材育成」等の人事管理制度を導入し始めている企業もあります。従業員側は，変化する仕事環境のなかで個人が自身の判断基準をもって仕事を選ぶという自律的なキャリア意識と行動が，仕事・キャリアの満足度や意欲を高めることがわかっています[085-1]。

　「自己選択型の異動管理」といっても，組織内の自由裁量には制限がありますから，本人自身が自己の持ち味を理解し，適所を見つけるための，事業所側のキャリア支援策（図１）が必要になるでしょう。

　支援策のあり方として，認知行動療法の１つである**アクセプタンス・コミットメント・セラピー**（acceptance commitment therapy：ACT；図２）の枠組みがヒントになるかもしれません。ACTでは避けられない困難を受け入れながら，自分の価値観に沿った行動を自己決定し行動していくことを基本とします。

▷ **自律的配置転換に至るプロセス**　　まず，上司が部下をしっかり観察し，彼・彼女の持ち味を把握します。一方で 部下の話をよく聴きながら（傾聴→**073**），相手の内省が深まるようにフィードバックしましょう[085-2]。次に別の職務・職場に，実際にコミットさせるのが大切です。その体験を通して，部下自身が適性を自覚し，自律的に意識と行動を変え，配置転換を希望するきっかけになるでしょう。

図1　キャリア支援策の充実度チェック項目[085-3]

以下の6つの項目に当てはまるか否かを質問し，当てはまるものの項目数をカウントしてみましょう（6点満点）。

- 自分のキャリア開発に役立つ研修を受けている
- 自分の将来のキャリアのための自己啓発・自己研鑽ができる
- 自分用の成長プランがある（社内のキャリアパスの提示など）
- 将来のためにスキルを形成できる仕事を与えられている
- 自分のキャリア開発を支援しようとしてくれる人たちと出会ってきた（メンター，協力的同僚，人事に関われる上司など）
- 自分の将来のキャリアについて希望をいうことができる（仕事内容・人事の差配の権利をもつ管理職と直接話す機会がある）

従業員が自らキャリア開発をしようとする場合に，職場の施策がどの程度整備されているのかを示す指標で，個人をベースにしたキャリアプラン作成やスキル形成の機会がどの程度充実しているのかわかります。

図2　ACT[085-4]

アクセプタンスとは，「うまくいっていない現状と向き合い，そのままをいったん受け入れること」で，これを「創造的絶望」ともいいます。

コミットメントとは，自分の価値と一致する行動を選択して実行していくことです。自分の価値を知るだけでなく，行動とセットにして発展的ループを繰り返しながら，適応的な変化が生じます。

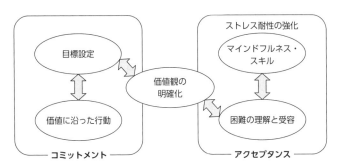

スマホで手軽にACT

近年は簡易的な心理療法のためのツールも各種開発されています。「認知行動療法」「ACT」などで検索するとアプリも見つかりますので，（あくまで参考程度ですが）試してみるのもおすすめです。

新人が仕事に熟練するまでの プロセスを知りたい

　職場での新人からマネジメントをこなす熟達者になるまでには，ドレイファスによると，5つの段階があります[086-1]。

- **初心者**——入社1年目。マニュアルや研修などの知識に基づいて行動します。予測的対応はできず，判断の根拠が限定的で，ミスを犯しがちです。関連知識と直面する状況を結びつけて説明する指導者が必要です。

- **上級ビギナー**——入社2〜3年。直面する状況の特徴を捉えることができ，その特徴に基づき，ある程度は予測的に対応できるようになります。比較的定型的な仕事であれば，知識と経験と状況を適切に関連づけて行動できるようになります。

- **一人前**——入社4〜5年。計画と戦術を立てて行動するようになり，その結果の振り返りから，より適切な計画と戦術のレパートリーが蓄積され，予測的対応が可能になってきます。ただし停滞期である**キャリアプラトー1**に遭遇する時期です。

- **上級者**（中堅）——状況の兆候パターンから問題状況の包括的理解（リスクや事態がどう動くか）をとらえ，対応策を生成します。過去の事例から類推的に問題の理解や対処法を編み出し，次に備えることができます。チームに仕事を与え，組織内外のつながりを構築する段階です。停滞期の**キャリアプラトー2**に遭遇しがちな時期です。

- **熟達者**——問題状況や対処法，その帰結に関する膨大なレパートリーをもち，複雑で複合的な問題状況でも，兆候を察知して事態の直観的認識が可能です。看護師を例にとると，ある患者のナースコールが鳴った瞬間に何が起きたかを把握して，的確な対応が可能な段階です。

　図2「ワーキングパーソン調査2014」によれば，熟達者としての課長になるまでの平均年数は，約15年です。プレーヤーとしてだけではなく，マネジャーとしての研鑽を積む必要があります。

図1　キャリアプラトー（キャリアにおける停滞期）[086-2]

一人前＝定型的熟達化段階
限られた範囲内で変化がある実践経験を蓄積し，計画的で戦術的なスムーズさが増し，速く的確な仕事ができるようになる。

→**キャリアプラトー1**：新規な状況や組織の観点からの対処を迫られる事態に遭遇することが多くなり，従来とは異なる経営管理スキルが求められ，そのことに戸惑い困難を感じる停滞期に陥りがちになる。

上級者（中堅）＝適応的熟達化段階
状況を包括的，全体的に把握することができ，仕事の全体像（例：コスト，調達，販売，在庫，人材，期間，制限など）を把握しながら，柔軟に適応的に対応できる。

→**キャリアプラトー2**：予測できない変化の激しい時代には，創造力を発揮して革新的な挑戦を求められることが多くなる。組織的な改革を率いる場合には困難が伴い，停滞期になる確率が上がる。

モチベーション　VIII

図2　ワーキングパーソン調査2014[086-3]

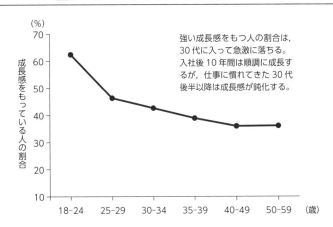

（％）

成長感をもっている人の割合

強い成長感をもつ人の割合は，30代に入って急激に落ちる。入社後10年間は順調に成長するが，仕事に慣れてきた30代後半以降は成長感が鈍化する。

18-24　25-29　30-34　35-39　40-49　50-59　（歳）

キャリアプラトーを乗り越えるためには

成長感が停滞する理由の1つは，知識の固定化です。人は経験を通して問題の発見と解決に関わる知識やスキルを習得します。ノウハウが一度出来上がると，新たな知識を肉づけすることはできても，知識を解体して作り替えたり，新領域に挑戦する主体的努力が低下しがちです。このことを意識に新たな挑戦を心がけましょう。

087 長時間労働が当たり前という 空気をどうにかしたい

　長時間労働の弊害が叫ばれ，**健康経営**や**働き方改革**が推奨されても，これまでの文化や体質をなかなか変えられない職場や組織も多いことでしょう。その原因を，**メンバーシップ型**の働き方をする日本型雇用システムとそれに深く根差した価値観に求める議論が目立ちます。しかし，仕事の成果そのものより職場でその姿を見せること，いわゆる**フェイス・タイム**を重視する価値観こそに原因があるという考え方もできます。そして，その価値観は，実は日本に限りません。

▶ **職場にいるだけでも「仕事をしている感」が出る**　　ある実験では，先に架空の人物の働きぶりを記載した短い文章を読ませてから，いったん別のことで気を逸らせた後，用意した選択肢から，先の文章に出てきた単語を選ばせました（図1）。その結果，最初の文章で「仕事中にその人物の机のそばを通るといつもそこにいる」という描写がある条件に割りあてられた参加者たちは，文章中に出てこなかったにもかかわらず，「献身的」「責任感」などの単語を見たと誤認する傾向が見出せました。しかも，その人物が通常業務以外の時間，朝早くや夜遅く，週末に会社にいるとの記述ほど「献身的」の語が想起されました。

　フェイス・タイムはこのように，上司や人々の評価を好意的な方向に歪めやすいため，たとえ仕事が終わっても無駄に職場に残る人々，そのアピール合戦で疲弊してしまう人々が減らないとされます[087-1]。しかし，**テレワーク**など物理的に離れて仕事をする人々には不公平に作用してしまいます（➡060）。

▶ **トップダウンで企業風土を変える決意を**　　多面的な評価制度を取り入れ，**評価のバイアス**をなくすことは改善策の1つですが，トップが真剣に，労働時間より仕事の質こそ大切なことと明言し，そのためにみんなで仕事の無駄を見直す取り組みを行うことで，はじめて期待する成果が得られます。マリオットホテルのエピソードもその一例です（図2）。

図1　特徴的単語を誤認した参加者の割合⁰⁸⁷⁻²

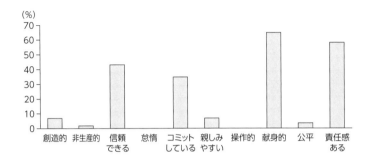

図2　マリオットホテルでの取り組み前後での変化⁰⁸⁷⁻³

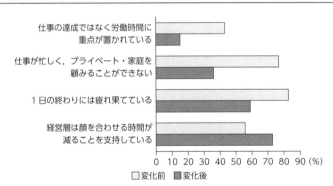

卓越したサービスの提供を自負するマリオットホテルも2000年代初め、長時間労働の問題に悩んでいました。サービスの質を高く保とうとすれば、どうしても長時間労働が必要と思われたからです。

しかし当時の副社長は覚悟をきめ、その状態からの脱却を目指します。非効率な業務を見直すとともに、早く帰宅できるときには、自ら率先して帰宅する姿を部下に見せました。その結果、このような成果をあげることができたのです。

088 「もっと残業したい」と思うのは悪いこと？

　カウンセリングの場で，新たな悩みを耳にすることが増えてきました。「『働き方改革』で残業時間が削られて実質給与が減ってしまった」という作業員，「丁寧に児童や父兄に対応したくても，労働時間を削ることを上司に強制され，自分が納得できる仕事ができない。仕事が苦痛になった」という教員，「残業しないように，慌てて仕事をこなしているので，患者さんとゆっくり向き合えない」という看護師などです。

　2019年4月より働き方改革関連法案が一部施行され，中小企業でも重要な経営課題の1つとして認知されつつあります。厚生労働省の定義では**働き方改革**とは働く人々が個々の事情に応じた多様で柔軟な働き方を，自分で「選択」できるようにするための改革とされていますが，現場では「柔軟な働き方」よりも「労働時間の短縮」ばかりがクローズアップされがちです。しかし労働時間を短縮するだけでは，風呂敷残業が増えたり，意欲喪失にもつながりかねません。

▶︎**ワーク・エンゲージメント**　　**ワーカーホリズム**と同程度に仕事の活動水準が高くても，生活満足度があり，快適に仕事ができる状態を**ワーク・エンゲージメント**といいます（➡**080**）。仕事に関連するポジティブな心理状態で，持続的かつ全般的な感情と認知のことです（図1）。また，生活満足感・仕事のパフォーマンスと正の関連をもち，心理反応や身体愁訴の示す不健康さとは，負の関連をもちます。ワーカーホリズムが生活満足感および仕事のパフォーマンスとは負の関連をもつのと対比的です（図2）。活動水準が下がってからバーンアウトとならずに，リラックスにとどまるのもワーカーホリズムとの違いです。

　ワーク・エンゲージメントは，熱意，活力，没頭の3要素から成り立っていて，組織／仕事の資源と自己資源の両方からつくられます[088-1]。やりがいのある仕事まで削ってしまうのではなく，仕事内容をAIやチームで分担できるシステムづくり，効率よく仕事のできる環境整備，パフォーマンスに応じた賃金の上乗せといった体制づくりなど，組織の資源を増やすのが，ワーク・エンゲージメント育成の鍵です。

図1 ワーカーホリズムとワーク・エンゲージメントの対比[088-2]

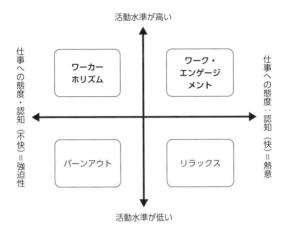

図2 ワーク・エンゲージメントとワーカーホリズム，アウトカムの関連[088-3]

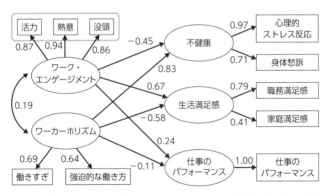

数字の絶対値が大きいほど，関連が深いことを示します（正の値は正の関連，負の値は負の関連）。

IX

ダイバーシティ

多様性を生かす職場づくり

089 多様な人材や多様な働き方を導入するとき，特に気をつけるべきことは？

　日本では労働力不足の顕在化を背景に，女性，高齢者，外国人，障害者など，従来は主力な労働力と認識されてこなかった多様な人材の活用が求められています。

　日本の雇用制度の特徴は，終身雇用と年功賃金制であると知られています。しかし，これらの背景にある基本的特徴は，従業員が勤務地，職務内容，労働時間を限定せずに受け入れる**無限定性**にあります[089-1]。

　無限定性は市場が変化しても，特定のジョブが消滅したとしても，雇用の継続を可能にする安全装置として機能してきました。無限定性の典型は，（仕事以外は主婦に支えられることが暗黙の前提である）日本人男性総合職であり，この働き方が可能な正社員の同質性が維持されてきました。この高い同質性を前提にして，評価や判断が行われてきました。

　このような環境で，女性が，子どもが小さくて残業できない，転勤できないという限定的な働き方をすると，子育てへの配慮がある場合でも，その制度を利用する人という区別が際立ちます。無限定性が暗黙の了解である同質的集団のなかでは，その区別は差別につながりかねません。より限定的な働き方をせざるをえない障害者，あるいは特定のジョブに限定した働き方を希望する外国人には，適応が困難な歴史的組織文化です。

　多様な働き方を導入するときは，従来は無限定の働き方を前提にしていたと意識して，経営方針も人事マネジメントも職場共同体も，変化する必要があります。たとえば，闘病しながら働く人，MBAを取得したい人，留学希望者，障害者，外国人など，多様な集団の存在に気づき，どのような支援や環境が必要かを，経営，人事，職場，そして個人が検討し合い，設計し，実践させることにより，多様で個別的な働き方と独自の貢献を引き出すことが期待できます。

図　マネジメントシステムの基本モデル[089-2]

多様な働き方の推進を支える関係構造を捉えるときに役立ちます。

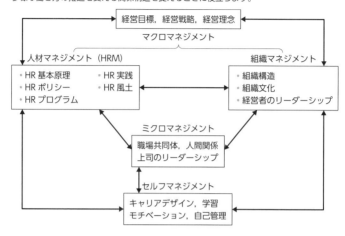

互いに関連する重要概念

- **ダイバーシティ・マネジメント**──従業員の個性や特性や事情の多様性を受け入れ，多様な人材がそれぞれのパフォーマンスを発揮できる機会を提供し，組織力の向上につなげる取り組みのこと。
- **インクルージョン**──多様な人材が社会や組織の一員として受け入れられていると認識し，発言したり強みを生かせたりすること。
- **I-deals（Idiosyncratic deals；個別配慮）**──従業員が雇用主に条件交渉を行い，双方の利益になると合意して実施される個別配慮。雇用主と当事者と同僚が，win，win，win（少なくともno loss）であることが重要です。
- **ジョブ・クラフティング**──会社からの命令や上司からの指示ではなく，従業員自身が仕事を見直し，新たな視点を取り入れ，働き方を革新させて意欲やパフォーマンスの向上につなげていく考え方。
- **ディーセント・ワーク**──働きがいのある人間らしい仕事。

自己開示するアメリカ人と あまり自己開示しない 日本人との差とは？

　家族のこと，自分の給料の話，いま取り組んでいる仕事のこと，その他の私的なことを，アメリカ人の同僚がオープンに話してきたとします。日本人としては，ちょっとそこまでは他者に開示しないなと思うことがあるかもしれません。この違いの理由は何でしょうか。１つは，**公的自己**と**私的自己**の領域範囲が，２つの文化で異なることに関係します。

- 公的自己──他者に開示する自己の部分
- 私的自己──他者に開示しない自己の部分

　日常的対人関係において，日本人は自身のことを，よほど親しい関係を除き，あまり人に話しません。一方，アメリカ人は自身のことをフランクに話して交流するなかで，互いに理解を深める傾向があります。

　図のＡとＢが示すように，日本人はアメリカ人に比べて公的自己領域が小さく，私的自己領域が大きいのです。

　図のＣは日本人同士，Ｄはアメリカ人同士の会話です。互いに私的自己領域には踏み込まず，違和感のない会話が続きます。しかし，日本式に日本人がアメリカ人と会話すると（Ｅ），アメリカ人の公的領域が斜線のように余ってしまいます。何か物足りなく，踏み込んだ話ができず，理解が進まないように感じるでしょう。一方で，アメリカ式にアメリカ人が日本人と会話をすると，日本人は斜線のように私的自己領域に踏み込まれたと往々にして感じるでしょう。

　どういう内容を誰にどこまで開示するかは，文化によって異なることがあります。このほかにも，会話のときに視線を合わせることが非礼になる文化や，視線を合わせることが誠実さを表す文化など，さまざまな隠れた文化的慣習があります。こういう文化も理解して，良い関係を築きましょう。

A：日本人の公的自己と私的自己

B：アメリカ人の公的自己と私的自己

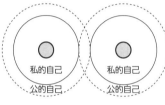

C：日本人同士のコミュニケーション

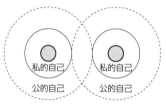

D：アメリカ人同士のコミュニケーション

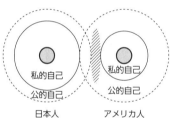

日本人　　　　アメリカ人

E：日本人とアメリカ人が日本式で
　コミュニケーションした場合

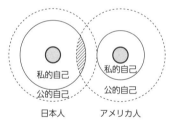

日本人　　　　アメリカ人

F：日本人とアメリカ人がアメリカ式で
　コミュニケーションした場合

ダイバーシティ

IX

関連するトピック

会話の有り様は個人によっても異なります。その違いを性格や行動特性の差として理解するだけではなく，当人にとっての空間特性として考えると理解するヒントが増えます。自分と他者との空間特性に関して興味がある人は，「パーソナル・スペース」を調べてみてください。

091 「朝型」「夜型」は決まっているもの？

　朝からバリバリ仕事ができる人や夕方からエンジンがかかって仕事がはかどる人など，人によって効率よく仕事ができる時間帯が異なります。**朝型**や**夜型**と呼ばれ，体内時計と関係しています。ご自身が朝型か夜型かは，いくつかの質問に答えることによって簡易的に知ることができます[091-1]（図1）。

　朝型と夜型の違いは「気分」で決まるのではなく，24時間周期の体温の変化のタイミングによって決まり，生理的な変化と関連しています。朝型の人は，夜型の人よりも早い時間帯に体温（深部体温）が上昇し，活動の準備が始まります。

　朝型と夜型との違いは，日常の生活リズムと生まれつきもった特性が関わっています。早朝に強い光を浴びると体内時計は早まり，遅い時間に強い光を浴びると体内時計は遅くなります。たとえば，「目が覚めたらカーテンを開けて日光を浴びる」や「寝る前にスマートフォンを触らない」など，できる範囲で体内時計のリズムを整える取り組みを行うことが効果的です。なお，徹夜の回数が多いなど，不規則な生活習慣の人は，夜型に当てはまりやすいです[091-2]。そのため，「夜型だから夜に頑張る」ではなく，朝型へシフトすることを試みてもよいでしょう。

　日中に眠気が頻繁に生じたり，仕事がはかどらないときには，睡眠日誌（図3）や睡眠記録アプリなどを利用すると睡眠の状態を把握できます。また慢性的に日中の眠気が生じるときには，睡眠障害が疑われるので，医療機関など，専門家に相談しましょう。

　交代制勤務のある職場では，業務中の事故防止や心身の健康などへのリスクを考慮して職場環境や勤務体制を整える必要があります。交代制勤務に関わるリスクやそれを低減するための知識など（20問）を電車運転士と保健師に回答させた研究[091-3]では，正答率は約半分でした。管理監督者だけでなく，交代制勤務に従事するメンバーも睡眠や交代制勤務に関する知識を身につけ，事故防止や心身の健康のために活用しましょう。

図1 朝型・夜型質問紙の例[091-4]

— 問1 —

あなたの体調が最高と思われる生活リズムだけを考えてください。そのうえで，1日のスケジュールを本当に思い通りに組むことができるとしたら，あなたは何時に起きますか。

全19問あり，インターネットで検索して利用できます。

図2 健康づくりのための睡眠指針2014[091-5]

1. 良い睡眠で，体も心も健康に。
2. 適度な運動，しっかり朝食，眠りと目覚めのメリハリを。
3. 良い睡眠は，生活習慣病予防につながります。
4. 睡眠による休養感は，心の健康に重要です。
5. 年齢や季節に応じて，昼間の眠気で困らない程度の睡眠を。
6. 良い睡眠のためには，環境づくりも重要です。
7. 若年世代は夜更かしを避けて，体内時計のリズムを保つ。
8. 勤労世代の疲労回復・能率アップに，毎日十分な睡眠を。
9. 熟年世代は朝晩メリハリ，昼間に適度な運動で良い睡眠。
10. 眠くなってから寝床に入り，起きる時刻は遅らせない。
11. いつもと違う睡眠には，要注意。
12. 眠れない，その苦しみを抱えずに，専門家に相談を。

図3 睡眠日誌の例[091-6]

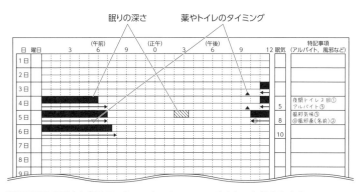

睡眠状態を専門家に伝えるコミュニケーションツールとしても役立ちます。

092 苦手と感じてしまう相手とでも，うまく仕事を回すには？

　近年，職場の**ダイバーシティ**を推進しようとする動きが盛んになっています。これまで労働力の中心であった日本人の男性だけでなく，女性や外国人，障害のある人にも積極的に労働参加してもらい，協働することで，労働力不足や生産性の向上，イノベーションの創出などが期待されると考えるためです。

　しかし，属性や価値観が異なる人々との協働は，望ましい結果だけでなく，葛藤やストレスももたらす可能性があります。パーソル総合研究所が，15歳から69歳までの有職者1万人を対象に，ダイバーシティへの**抵抗感**を尋ねた結果，女性はほぼ一定でしたが，中高年で，企業内の中心的ポジションにあり経済的に余裕のある男性ほど，抵抗感が強くなる傾向が確認されました（図1）。これらの人々は職場内で競争に勝つことをこれまでの評価対象として当然視しており，社会的成功を目指す強い上昇志向があり，それがこうした異質な相手への不寛容につながっていると考えられることが指摘されました。

　自分とは異質な相手に対して苦手意識をもつこと自体は，仕方ないことですが，この状態を放置したままダイバーシティを進めても，企業や職場の業績にはむしろ悪影響となってしまいます。

　実際，ダイバーシティに取り組み始めた企業の正社員238名に対する調査では，異質な相手との協働に苦手意識をもつ社員ほど，自分の職場が成長している実感をもてなくなる傾向が見出せました（図2）。彼らはダイバーシティにより協働がうまくいかなくなったと感じていたのです。しかし，職場を**見える化**すると，それらの人々も苦手意識のない人同様，成長実感を得られることが確認できました。たとえば，業務の関連性の見える化，仕事の負荷の違いや偏りの見える化，それぞれの仕事の緊急性の見える化などが，それに該当します。つまり，一見コントロールが難しいと思われがちな個人的な理由も，組織の適切な措置で対処可能なのです。

図1　性別年代別のダイバーシティへの抵抗感[092-1]

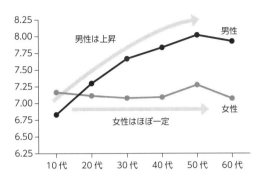

図2　「見える化」による，苦手意識の悪影響の緩和[092-2]

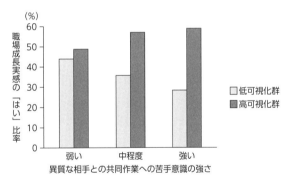

この調査では，「目標達成に必要な情報や計画，仕事の内容は『見える化』（可視化）されている」という質問に，4段階で回答を求めました。

公式的な「見える化」と非公式的な「見える化」

ここで紹介した「見える化」は組織システムとしての公式的な「見える化」ですが，非公式的な「見える化」もありえます。近年，注目されているトランザクティブ・メモリー・システムはその典型例です。公式的な「見える化」のほうが，組織内に広く恩恵が期待できます。

093　幼い子のいる女性に出張は大変か と思って他のメンバーに行かせたら, 抗議されてしまった……

　たとえ上司が配慮したつもりでも,本人に相談もせず,幼子がいるから無理だろうと判断して,本人の担当である仕事を他の部下に任せることは**慈悲的差別**の一種です。その上司は,彼女が顧客に信頼され,スキルを伸ばす機会を奪ったことになります。このような判断は無意識のバイアスであり**アンコンシャス・バイアス**と呼ばれます。

　たとえば,「女性にオフィスの花の管理を任せよう」「男性だから車の運転はうまいだろう」と思ったことはありませんか。これらも性別のイメージによる無意識のバイアスです。実際は個人によって得手,不得手が異なるはずです。

▶ **意識するだけで偏見を直すのは難しい**　　1970年代から80年代にかけて,アメリカの音楽学校を卒業した女性の割合は40％を超えていましたが,当時のアメリカ5大オーケストラにおける女性比率は5％以下でした。女性を蔑視していたのではなく,優れた演奏者を選んだ結果,そうなったということでした。これに疑問を抱いたあるオーケストラが採用方法を変えました。楽団員募集の実技試験で,演奏者と審査員の間に衝立を立て,演奏者を見えなくしました（図）。審査員は演奏のみで判断することになります。結果として,実技(演奏)審査に合格する女性の割合が大幅に向上しました[093-1]。

　審査員たちは演奏だけで公平に審査していると信じていました。しかし実際は男性のほうが演奏が優れているとの無意識の思い込みが判断に影響していたのです。この**ブラインド・オーディション**が公平性を保てることがわかり,多くのオーケストラで採用されるようになりました。

　配慮のつもりの判断でも,無意識の偏見になることは日常的に存在します。人材育成的にも意識的な対策が必要です。

図　ブラインド・オーディション

審査員
演奏者の姿が見えず
男性か女性かわからない

演奏者

アンコンシャス・バイアスの影響を防ぐための5カ条

アンコンシャス・バイアス：組織ではハラスメントや生産性低下をまねく危険性があるので，要注意！

1. **アンコンシャス・バイアスを自覚する**

   大学の教授といえば男性，秘書といえば女性を想定していませんか。自身のもつバイアスに気づくことが第一歩です。

2. **皆に自覚してもらうためにも，研修を取り入れる**

   Googleは業務においてバイアスをかけないことを重視する企業理念をもち，社員を対象に研修を行っています。

3. **多様な意見を受容し，自身の判断を顧みる**

   多様な意見の人と接し，彼ら彼女らの意見から自身のバイアスに気づく機会をもつことが有益です。

4. **根拠をもって判断する**

   自分の考えだけで判断するのではなく，それを裏づける根拠を明確にしてから，判断する習慣をつけましょう。

5. **言葉遣いに気をつける**

   自身のバイアスに気づく良い機会は，言葉遣いです。「女（男）なのに」「普通は〇〇だ」「△△のくせに」などが口をついて出た（出そうになった）ら，バイアスかなと意識的に注意してみてください。

094 女性にとって働きやすい環境を整備しているつもりだが，女性管理職が増えない……

　女性従業員が比較的多いイオン株式会社の例を見てみます。

　イオンでは2013年までの40年間で入社した社員の約6割が女性でした。しかし2013年時点での女性社員の比率は3割に減少し，特に若年層の女性の退職率は男性の2倍でした。さらに管理職では，女性比率は1割未満となっていました。

　そこでイオンは，退職数の多さと昇進数の少なさの課題を解決すべく，若手女性社員に対して，退職理由について調査を行いました。

　その結果，退職について多かった理由は，以下の2つです。

- 自分のキャリアが見えないこと
- 他の女性社員とのつながりが少なく，相談する人がいない

　会社が予想した理由は結婚や出産や育児でしたが，そういう働きやすさの問題ではなかったのです。

　一方で，転職のための退職が多いことがわかりました。キャリア志向があり，自分の能力に自信をもっている女性社員が，自社では仕事を続けることを選ばなかったことが明らかになりました。

　上記の結果を受けて，イオンでは，25歳前後の女性を対象に，**キャリアデザイン**のセミナーを実施しました。キャリアを自ら設計することへの動機づけと，女性同士が悩みを相談し合える場の提供です。将来設計セミナーでは，将来設計とそのために取り組むべき事柄を考えるワークショップ，さらに社外取締役の女性役員が，管理職になって開ける視野ややりがいを伝える講演も実施しました。

　結果として，女性社員の意識が変わり始め，2016年度には女性管理職の割合は27.7％に上昇しました。

　イオンは仕事内容の見直しと効率化や管理職の意識改革も含め，女性が働きがいを実感して活躍できるための工夫をさらに推進しています[094-1]。

図　キャリアの歯止めとなる「思い込み」

女性リーダーの育成が必要と感じる一方で，実際の登用がなかなか進まない背景には，2つの思い込みがあります。

- 企業や男性側の女性に対する間違った思い込みがあり，その背景には戦後から続く日本人男性総合職型の滅私奉公的な働き方や評価システムの影響がある。
- 女性たち自身が「リーダー職なんて大変」と必要以上に思い込むこと。女性管理職の手本的なロールモデルが極端に少なく，家庭との両立が無理と思い込むこと。

思い込みによる女性リーダー不在のメカニズム[094-2]

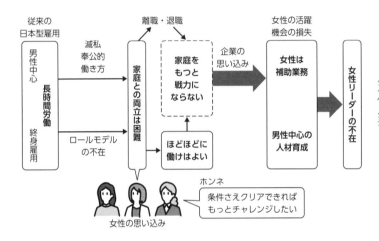

女性リーダーの育成施策を推進する3ポイント

- トップが強い信念を示して率いること。
- 女性によるプロジェクトを企画し機会を与えること。
- 孤立させない仕組みや場の提供。

　日本では，年齢の高い労働者の割合が増加しています。労働災害が50歳以上で増加するといった危険性も報告されており，リーダーは高年齢のベテランメンバーの特性に合わせて業務を進めることが必要です。

　一般的には，年齢を重ねるほどに経験や知識が増して熟練スキルに磨きがかかる一方で，身体的機能や認知的機能の低下によって苦手なことが増えていきます。しかし，加齢による変化の個人差は大きいため，一律に対処しにくいものです。たとえば，普段の仕事ぶりがやや気にかかる高年齢のメンバーに「俺はまだまだ大丈夫だ！」と言われたら，どのように対処すればいいでしょうか。

▶ **加齢変化の自覚**　　身体的機能（転倒リスクの有無）とその自覚などについての年代間比較を行うと，50代以上では50代より若い年代に比べて自身の身体的機能を過信する傾向があり，50代以上の年代の「自信がある」は，50代より低い年代のそれよりも甘い基準でした[095-1]（図）。たとえば「自信がある」と答えたのに，実際は転倒リスクがあると判定される人は，50代以上の年代でやや高くなりました。また，「怪我は努力次第で防げる」と考える傾向が50代以上の年代でやや高く，多少の無理があってもどうにかできると考えていることがうかがえます。また，記憶力などの認知的機能の加齢による低下も同様に避けることはできません。

　高年齢のメンバーの業務を設計するときには，業務の負担感などを聞き取るコミュニケーションをとるとともに，実際の働きぶりや普段の様子を参考として個人に合った環境や業務内容を整えましょう。具体的な配慮については，厚生労働省の職場改善マニュアル[095-2]などを参考にするとよいでしょう。また，気にかかるメンバーの業務の内容を変えるときには，その変更に反発が生じないように説得するのではなく，納得してもらえるようなコミュニケーションを心がけましょう（➡**056**）。

図　年齢が高くなると，自身の身体的機能を過信する[095-3]

「同年代に比べて体力に自信がありますか」の回答と 2 ステップテストの関係（大股 2 歩分の距離を身長で割った値で評価し，下半身の筋力や身体バランスなどを測ることができます）。

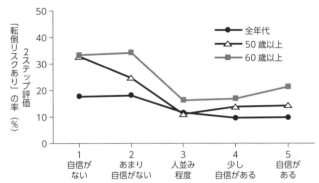

50 代 60 代の転倒リスクは全年代よりも高いものの，グラフは右肩下がりであり，身体機能の程度を自認できているようです。しかし，「自信がある」と回答した人のうち，「転倒リスクあり」の人が少なくなく，60 歳以上では 5 人に 1 人の割合でした（➡084）。

事故防止への配慮の例[095-4]

高年齢労働者の生理的機能の低下による事故の発生を防止するため，以下のような考慮をしましょう。

* 配置にあたって経験を配慮する。
* 作業は視力や聴力などの単一の能力に過度に依存せず，視聴覚などを合わせた総合的な能力を作業に生かせるようにする。
* 高年齢労働者と若年労働者が協働できる職場とし，高年齢労働者の生理的機能の低下に起因する事故の発生を防止できる職場にする。
* 個人に合わせて調整できる椅子，工具を提供する。

> ### 世代間の双方向サポートでパフォーマンス向上
>
> ベテランに適した作業環境を整備すると同時に，若い世代の新しい価値観や技術をベテランに伝えることや，若い世代はベテランからさまざまな経験や知識を学ぶことも大切です（➡098）。

096

「働かないおじさん」問題の当事者になりたくない！

　「働かないおじさん」問題とは，本来期待される役割に見合った行動や成果を出せないミドル・シニア社員に対する批判として注目されました。2022年に実施された調査によると，49.2％が「働かないおじさん（おばさん）」がいるとし，それによって周りの士気が下がると回答しています[096-1]。

　その理由や背景はさまざまです。もともとやる気がなく，だらだらと組織に依存し続けている人もいれば，バリバリ働いて高い成果をあげていたものの，**ポストオフ**（役職定年）後にその状態に陥ってしまった人や，それ以前に組織内の昇進競争から外れたことが原因となった人もいます。たとえば，図は横軸に年齢を，縦軸に現状への満足度の高さをとったグラフですが，45歳以上を部下のいる「ライン管理職」と部下なしの，専門職としての「スタッフ管理職」に分けると，年齢が上がるにつれ上昇していた満足度が，この時期を境に大きく二極化することがわかります。昇進の見込みがなくなったと感じることで，少なくともいったん意欲を失ってしまうのです。

　この問題の改善には，年下上司からのサポートや周囲による受容や寄り添いが役立つと多くの研究が指摘しています。また見方を変えて，当事者が積極的に取り組むこととしては，プロティアン・キャリアへの転換が重要だとされています（表）。**プロティアン・キャリア**とは，成功の基準を出世や給与ではなく，自分の心理的な成功やそれを支える他者との関係におき，主体的にキャリアを選択しながら，自らをアップデートし続けるキャリア志向のことです。長年染みついた価値観を転換するのは決して簡単なことではないかもしれません。しかし，自らの幸せや長期的なキャリアの充実感の実現を考えると，可能な限り早期から考えを切り替えることが効果的と考えられます。

図　現状への満足度の分かれ目となる年齢 ^{096-2, 096-3}

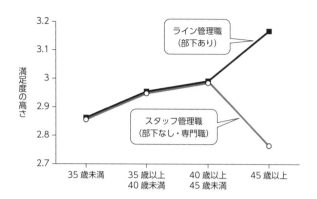

表　プロティアン・キャリアの特徴 ^{096-4, 096-5, 096-6}

	プロティアン・キャリア	伝統的キャリア
主体となるのは誰か	個人	組織
コアとなる価値感は	自由，成長	前進
流動性の程度	高い	低い
成功の基準	心理的な成功	地位，給与
鍵となる態度	仕事の満足度，プロとしてのコミットメント	組織へのコミットメント

ミドル・シニア社員に限らない

「働かないおじさん」問題は，そのネーミングからミドル・シニア社員に特有の問題のように感じられるかもしれません。しかし実際は，年齢を問わず，組織内に広く散見される現象です。ヒトという組織資源がコストを上回る便益をもたらすとき，それは「資源化された」といえますが，その反対に，コストが便益を上回れば組織は資源化されない資源を抱えていることになります。当然，こうした状態はミドル・シニア社員以外の社員にも起こりうるのです。

ダイバーシティ　IX

097

働き方のお手本が
身近になかなかいない

　私たちが，自分の人生や職業生活を追求するうえで，その考え方や行動から大きな影響を受け，お手本として模倣したり，参考・学習対象にしたりする人のことを**ロール・モデル**と呼びます。

　社会的学習理論では，社会的な存在である人間は，自身の直接の体験だけでなく，他者を観察し，模倣することでも学習するとされています[097-1]。確かに，ロール・モデルをもつと，キャリアデザイン（➡**094**）や成長スピードにプラスの効果があることが，多くの研究から明らかになっています。

　一方で，必要性を認識しつつも，お手本として適切な対象を見つけられず困っている人々も少なくありません。新市場の開拓など社内で誰も経験したことのない業務を突然任せられた人や，男性管理職が当たり前の職場で初めて選ばれた女性管理職（➡**094**）などは，その代表例といえるでしょう。

　その理由と解決策を示唆してくれるのが，図に示す研究です。それまで青年期やキャリア初期に偏りがちだったロール・モデルの研究関心をキャリア全体へと拡大することで，キャリア時期が異なればロール・モデルの対象も移り変わることを論じたのです。

　具体的には，自己概念の**獲得期**である**キャリア初期**には，自分にとって好感がもて，観察可能である身近な対象から幅広く学ぼうとします。しかし，自己確立後の**キャリア後期**になると，「自分はあの人のようにはなりたくない」といった反面教師的な点も含み，部分的にでも自身の肯定に役立つような材料を提供してくれる複数の相手がロール・モデルの対象となります。たとえば，「部下への接し方はＡ部長」「仕事の正確さはＢ部長」といったようにです。

　前述したロール・モデル探しに苦労している人は，多くの場合，この両者の中間にあたる**キャリア中期**に該当します。そのため，初期のロール・モデルの発想からいち早く脱却し，自分にとって新たに必要となるロール・モデル探しへと移行を図ることが有効といえるでしょう。

図　ロール・モデルの３つの次元[097-2]

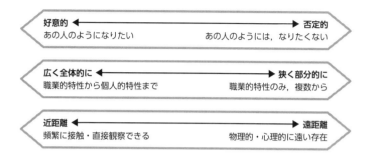

好意的 ◀━━━━━━━━━━━━━━━━▶ 否定的
あの人のようになりたい　　　　　あの人のようには，なりたくない

広く全体的に ◀━━━━━━━━━━━━▶ 狭く部分的に
職業的特性から個人的特性まで　　　職業的特性のみ，複数から

近距離 ◀━━━━━━━━━━━━━━━━▶ 遠距離
頻繁に接触・直接観察できる　　　　物理的・心理的に遠い存在

キャリア時期で移り変わる理想とするロール・モデル

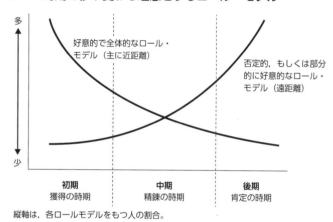

多

好意的で全体的なロール・
モデル（主に近距離）

否定的，もしくは部分
的に好意的なロール・
モデル（遠距離）

少

| 初期 | 中期 | 後期 |
| 獲得の時期 | 精錬の時期 | 肯定の時期 |

縦軸は，各ロールモデルをもつ人の割合。

ロール・モデルは１人でなくてよい

良いロール・モデルが見つからないと嘆く人は，大抵の場合，自分と立場や特徴が似通った，ただ１人の人を見つけようとしています。しかし，自分とほとんど同じ条件をもつ人（たとえば，子どもが２人いるシングルマザーで部長をしている，など）を見つけるのは，自分が少数派だったり，稀な存在であるほど不可能に近いことです。それぞれ学べるところのある複数の人をロール・モデルにする，と発想を変えていきましょう。

　団塊世代，バブル世代，就職氷河期世代，ミレニアル世代などと，特定の時期に生まれた人々をその個性を無視し，一括りにして捉えることがあります。そのうえで，これら世代間で価値観や行動様式に大きな違いがあり，それが職場における世代間の円滑なコミュニケーションを妨げていると指摘する人もいます。

　近年，こうした問題の解決に役立つと提唱されるのが，図１の**リバース・メンタリング**です。1999年にGE（ゼネラル・エレクトリック）で初めて実施され，後にP＆GやDELL，マイクロソフトなどアメリカの大企業が次々に導入した手法です。伝統的なメンター制度（→**100**）とは正反対に，シニアをメンティー（学習者）に，若手をメンター（支援者）として，若手がシニアより精通している分野，たとえば情報技術や若者の価値観や流行などを教えたり，助言したりする制度です。もともとは，CEOが若手にICTに関するスキルを提供してもらったところ，自分の仕事が円滑に進むようになったうえ，若手の考え方を知ることができた，などの多くの利点を実感できたため，他の役員にもすすめたことから始まりました。

　一方的な教育の色が強い伝統的なメンター制度と異なり，メンターもメンティーから組織の価値観や社内政治，歴史などを学び，人脈づくりもできるなど，必要に応じて適宜，相互に学習しあうことで，組織にイノベーションをもたらしうると説明されています。

　この手法は，世代の異なる社員同士の円滑なコミュニケーション・交流の実現に役立つだけでなく，将来のリーダー人材の育成や，シニアにとっての**リスキリング**（re-skilling）効果もあると考えられます。リスキリングとは，「新しい職業に就くために，あるいは，いまの職場で求められるスキルの大幅な変化に適応するために，必要なスキルを獲得する／させること」と定義されます（図２）。ただし，日本企業ではまだそれほどリバース・メンタリングの導入が進んでいないのが実状です。

図1　リバース・メンタリングの仕組み[098-1]

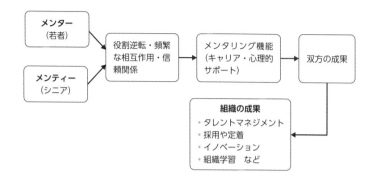

図2　リスキリングの４つのステップ[098-2]

日本企業での難しさ

日本でリバース・メンタリングがそれほど進まないのは，若い人とコミュニケーションをとりながら教えてもらうより，若い人にその仕事を丸投げして自分の代わりにやってもらうことが多いためではないか，という意見もあります。日本の年長者は自分より若い人に教えることには慣れていても，教えてもらうことには抵抗があるためではないかというのです。その真偽はわかりませんが，異なる世代の交流を図ろうとするならば，ハラスメントなどが取り沙汰される昨今の風潮を考えれば，いわゆる飲み会よりも仕事を通じての交流のほうが効果的と考えられます。

中途採用者の知識や経験を最大限活用したい

日本企業の**労働流動性**は諸外国と比較すれば低いものの，最近では転職，企業側からいえば中途採用の機会は増えています。**中途採用**のメリットは，新たな知識や情報を外部から素早く獲得し，**知識移転**できる点にあると考えられています。

ところが，多くの研究がその目的達成はそれほど簡単ではないと指摘します。たとえば，中途入社したエンジニアの入社後の特許数の変化を分析した研究によると，

- 会社が自社の保有技術をよく活用するという意味でパス依存性が強い場合
- 中途採用者の専門と採用した会社の事業適合度が高い場合
- 中途採用者の活動が会社のコア事業に切り込む場合

には，その個人から企業への知識移転はマイナスの影響になることが示されました（図1）。自社のコア事業が成功している企業ほど，外部の知識や情報を拒絶する傾向があることが，その理由と説明されています。

また，別の研究では，1人のメンバーを途中で別のグループに移動させ，少し後に元に戻した場合のグループの知識への影響が調べられました。すると，組織が学習成果をあげたのは，「他所者」が滞在している間ではなく去った後でした[099-1]。つまり，他所者が滞在している間は，なぜか彼らの知識や情報，助言を積極的に利用しようとしないのです。本来であれば，彼らが滞在中のほうが直接学べることが多いはずなのに，組織はそうしようとしていないことになります。

どうしたら，こうした状況を改善できるでしょう。図1の研究からわかるのは，自社の弱い部分やコアから離れた周辺分野であれば，外部の情報を受け入れやすくなるようです。また，図2で示すように，他所者の知識の質が明らかに高く，業績向上に貢献することが明白な場合や，彼らが他のメンバーと上位アイデンティティを共有し，大きな意味で仲間とみなせる場合にも知識移転は進むといいます。

図1　エンジニアの流動性と知識移転の成否の関係[099-2]

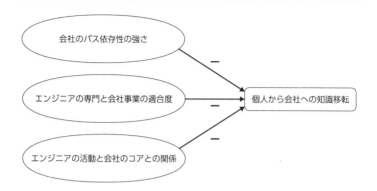

図2　社会アイデンティティの共有や知識の質の効果[099-3]

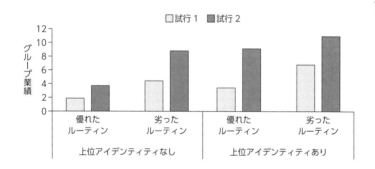

上位アイデンティティとは

上位アイデンティティとは，A部門，B部門といったアイデンティティよりさらに上に位置する，たとえばC会社のようなものを指します。A部門とB部門だと対立するかもしれませんが，見方を変えればどちらの部門もC会社の一員である。という考え方です。上位目標（⇒064）と同様の役割を果たすものです。

100 メンターをする側には どんなメリットがあるの？ 何を期待されているの？

　新たな職場で仕事を始めた従業員が業務を円滑に遂行できるようになり，さらなるキャリア形成に意欲的になるためには，職場の上司や先輩に加えて，関連部署の人たちからのアドバイスや協力が必要です。このような支援は**メンタリング**（メンター制度）と呼ばれ，身近で世話をする人は**メンター**，メンタリングを受ける人は**プロテジェ**（メンティー）と呼ばれます。

　メンタリングの機能は大きく2つです（表）。

- **キャリア的機能**――仕事のやり方や組織事情を教え，挑戦する仕事を与え，キャリア発達（昇進や昇格）を支援します。
- **心理・社会的機能**――役割モデルを示し，プロテジェのよさを認め，悩みを相談する機会を与え，友好関係を示します。

　メンターとプロテジェは基本的には1対1の関係ですが，メンターには多くの役割があるので，メンター以外にも上司を含め仕事上関係する先輩らがプロテジェを面で支えることが推奨されます。

　支援や指導には時間や手間がかかり，概してメンターは自分でやったほうが効率的と思いがちです。しかし，近年の研究は，メンタリングがメンターのキャリア発達（昇進など）やキャリア満足に良い影響を与えることを示しています。さらに，キャリア的支援を多く行う人のほうが昇進しやすく，給与も高いことも示されています[100-1]。これは，メンターの役割を担うことが，組織内ネットワークやリーダーシップの向上につながることによると分析されています。また，心理・社会的支援を多く行う人は，職務満足度も組織関与度も高いという報告もあります[100-2]。

　メンタリングはメンターにも良い影響をもたらしますが，戸惑うことも多いはずですから，上司はメンタリング機能の多さを理解して相談に乗る，補うなどを行う必要があります。

表　メンタリング機能とその内容[100-3]

キャリア的機能	・**支援**（スポンサーシップ）——プロテジェのやってみたい仕事に参加させたり，望ましい配置異動を上司に働きかけたりする。 ・**上層部への推薦と可視化**——発達を促すプロジェクトにプロテジェを推薦したり，貢献や成果を上司や他部門に紹介したりする。 ・**コーチング**——職務遂行のための方法や技能を示したり，ヒントを与えたりする。 ・**保護**——単に他者から守るだけではなく，大きな失敗をしないように配慮する。 ・**挑戦する仕事を与える**——技術的に挑戦したり，マネジメントの役割を含む一段高い仕事を与える。
心理・社会的機能	・**役割モデルを示す**——組織の一員としてふさわしい態度，ふるまい，成果の出し方を示す。 ・**受容と承認**——プロテジェを認め，肯定的な関心を示す。 ・**カウンセリング**——悩みを相談する機会や場を与える。 ・**友好関係**——良好な関係や信頼関係を築く。

キャリア的機能に関するメンターにとっての利点

・**スポンサーシップ／上層部への推薦と可視化**——高業績を達成する人，有能さを発揮する人を後援することで，上層部はそのマネジャーがすぐれた判断力をもっているという見方をし，若い才能を発掘し開発させるとの評判が定着して信用が高まる。

・**コーチング**——自分の知識や視点を下位の者に伝えることは，自分の経験の価値を確認することにつながり，また，その下位の者の活躍は自らへのプラスのフィードバックになる。

・**保護**——若い才能を育てる能力を示すことにより，彼らの評判と信用を得ることになる。

・**挑戦する仕事を与える**——若い人に重要な学びの機会を与えるだけではなく，メンター自身の周辺的仕事をまかせることができるようになる。

メンターのケアも不可欠

メンタリングはメンターの負担になる部分があることは否めないので，組織がメンターを支援したり，メンターも自身の仕事の効率化を工夫する必要があります。

引用・参考文献

Ⅰ　リーダーシップ

001-1. 山口裕幸（2008）．チームワークの心理学──よりよい集団づくりをめざして　サイエンス社

001-2. Rousseau, V., Aubé, C. A., & Savoie, A. (2006). Teamwork behaviors: A review and integration of framework. *Small Group Research*, 37, 540-570.

001-3. House, J. S. (1981). *Work stress and social support*. Addison-Wesley.

002-1. Kotter, J. P. (1990). What leaders really do. *Harvard Business Review*, Vol. 68, 103-111. (DIAMOND ハーバード・ビジネス・レビュー編集部訳　2011　リーダーシップとマネジメントの違い──両者は補完関係にある　*Diamond Harvard Business Review*, 2011年9月号, 50-64.)

002-2. Lunenburg, F. C. (2011). Leadership versus management: A key distinction ──At least in theory. *International Journal of Management, Business, and Administration*, 14, 1-4.

002-3. 古川久敬（2004）．チームマネジメント　日本経済新聞社

003-1. Hersey, P., & Blanchard, K. H. (1977). *Management of organizational behavior: Utilizing human resources*. Prentice-Hall.

003-2. 山口裕幸（2006）．組織の変革と管理者のリーダーシップ──組織やチームを健全な成長へと導くには　山口裕幸・高橋潔・芳賀繁・竹村和久　経営とワークライフに生かそう! 産業・組織心理学　有斐閣

004-1. Merrill, D. W., & Reid, R. H. (1981). *Personal styles & effective performance: Make your style work for you*. CRC Press.

004-2. 鈴木義幸（2002）．コーチングから生まれた熱いビジネスチームをつくる4つのタイプ　ディスカヴァー社

005-1. Hatch, M. J. (1997). Jazzing up the theory of organizational improvisation. *Advances in Strategic Management*, 14, 181-191.

005-2. Crossan, M., Cunha, M. P. E, Vera, D., & Cunha, J. (2005). Time and organizational improvisation. *Academy of Management Review*, 30, 129-145.

005-3. Barrett, F. J. (1998). Coda-creativity and improvisation in jazz and organizations: Implications for organizational learning. *Organization Science*, 9, 605-622.

006-1. Van de Ven, A. H. (1986). Central problems in the management of innovation. *Management Science*, 32, 590-607.

006-2. Schein, E. H. (1993). How can organizations learn faster? The challenge of entering the green room. *Sloan Management Review*, Winter, 85–92.

007-1. 山住勝広＝エンゲストローム，Y. 編（2008）．ノットワーキング――結び合う人間活動の創造へ　新曜社

007-2. Engeström, Y. (1987). *Learning by expanding: An activity-theoretical approach to developmental research*. Orienta-Konsultit.（山住勝広・松下佳代・百合草禎二・保坂裕子・庄井良信・手取義宏・高崎登訳　1999　拡張による学習――活動理論からのアプローチ　新曜社）

007-3. 福島真人（2010）．学習の生態学――リスク，実験，高信頼性　東京大学出版会

008-1. Kelley, R. E. (1992). *The power of followership*. Doubleday Business.（牧野昇監訳　1993　指導力革命――リーダーシップからフォロワーシップへ　プレジデント社）

008-2. Hollander, E. P. (1974). Process of leadership emergence. *Journal of Contemporary Business*, 3, 19–33.

009-1. Edmondson, A. C. (1999). Psychological safety and learning behavior in work teams. *Administrative Science Quarterly*, 44, 350–383.

009-2. Edmondson, A. C. (2018). *The fearless organization: Creating psychological safety in the workplace for learning, innovation, and growth*. Wiley.

009-3. Detert, J. R., & Edmondson, A. C. (2011). Implicit voice theories: Taken-for-granted rules of self-censorship at work. *Academy of Management Journal*, 54, 461–488.

010-1. Tuckman, B. W. (1965). Developmental sequence in small groups. *Psychological Bulletin*, 63, 384–399.

010-2. West, M. A. (2012). *Effective teamwork: Practical lessons from organizational research* (3rd edition). John Wiley & Sons.（下山晴彦監修・高橋美保訳　2014　チームワークの心理学――エビデンスに基づいた実践へのヒント　東京大学出版会）

010-3. 安藤史江（2020）．チーム活動の意義の検討――組織学習の観点から　南山経営研究，35，3–18.

011-1. Katz, R. L. (1955). Skills of an effective administrator. *Harvard Business Review*, Jan.-Feb., 33–42.

011-2. 安藤史江（2015）．大企業の中間管理職（課長・部長）40名を対象に実施した調査結果

Ⅱ　ワークマネジメント①

012-1. 北岡明佳（2008）．錯視の認知心理学　認知心理学研究，5，177–185.

012-2. Bruno, N., & Franz, V. H. (2009). When is grasping affected by the Müller-Lyer illusion?: A quantitative review. *Neuropsychologia*, 47, 1421–1433.

013-1. 中田亨（2011）．「事務ミス」をなめるな！　光文社

014-1. Miyake, A., Friedman, N. P., Emerson, M. J., Witzki, A. H., Howerter, A., & Wager, T. D. (2000). The unity and diversity of executive functions and their contributions to complex "frontal lobe" tasks: A latent variable analysis. *Cognitive Psychology*, 41, 49–100.

014-2. McVay J. C., & Kane M. J., (2012). Drifting from slow to "D'oh!": Working memory capacity and mind wandering predict extreme reaction times and executive control errors. *Journal of Experimantal Psychology: Learning, Memory and Cogniton*, 38, 525–549.

014-3. 前掲 Miyake et al.（2000）参照。

014-4. 前掲 McVay & Kane（2012）参照。

014-5. Verhaeghen P., Steitz D. W., Sliwinski M. J., & Cerella J. (2003). Aging and dual-task performance: A meta-analysis. *Psychology and Aging*, 18, 443–460.

015-1. Bartlett, F. C. (1932). *Remembering: A study in experimental and social psychology*. Cambridge University Press.

015-2. Bransford, J. D., & Johnson, M. K. (1972). Contextual prerequisites for understanding: Some investigations of comprehension and recall. *Journal of verbal learning and verbal behavior*, 11, 717–726.

015-3. 西林克彦（2005）．わかったつもり──読解力がつかない本当の原因　光文社

016-1. 箱田裕司（2021）．有効視野　子安増生・丹野義彦・箱田裕司監修　有斐閣現代心理学辞典　有斐閣

016-2. 同上。

016-3. Wood J. M., & Owsley C. (2014). Useful field of view test. *Gerontology*, 60, 315–318.

016-4. 苧阪直行編（2013）．注意をコントロールする脳──神経注意学からみた情報の選択と統合　新曜社

017-1. 鉄道総合技術研究所（2018）．人間科学ニュース　https://www.rtri.or.jp/rd/news/human/human_201807.html

017-2. 増田貴之・中村竜・井上貴文・北村康宏・佐藤文紀（2018）．独立したダブルチェックのヒューマンエラー防止効果　*Rikkyo Psychological Research*, 60,

29–39.

017-3. 前掲，鉄道総合技術研究所（2018）参照。

017-4. 前掲，増田ほか（2018）参照。

018-1. 中田亨（2019）.「マニュアル」をナメるな！──職場のミスの本当の原因　光文社

018-2. 柚原直弘・氏田博士（2015）. システム安全学──文理融合の新たな専門知　海文堂

018-3. 前掲，中田（2019）参照。

018-4. 前掲，柚原・氏田（2015）参照。

019-1. 梅田聡・小谷津孝明（1998）. 展望的記憶研究の理論的考察　心理学研究, 69, 317–333.

019-2. Maylor, E. A. (1990). Age and prospective memory. *Quarterly Journal of Experimental Psychology*, 42A, 471–493.

019-3. 同上。

020-1. Kahneman, D., & Tversky, A. (1979). Intuitive prediction: Biases and corrective procedures. *TIMS Studies in Management Science*, 12, 313–327.

020-2. Lovallo, D., & Kahneman, D. (2003). Delusions of success: How optimism undermines executives' decisions. *Harvard Business Review*, 81, 56–63.

021-1. Ainslie, G. (2001). *Breakdown of Will*. Cambridge University Press. (山形浩生訳　2006　誘惑される意志──人はなぜ自滅的行動をするのか　NTT出版)

022-1. Edmondson, Amy. (1996). Learning from mistakes is easier said than done: Group and organizational influences on the detection and correction of human error. *The Journal of Applied Behavioral Science*, 32, 5–28.

022-2. 同上。

023-1. 人間と工学研究連絡委員会安全工学専門委員会（2005）. 安全・安心な社会構築への安全工学の果たすべき役割　日本学術会議

023-2. 三沢良・稲富健・山口裕幸（2006）. 鉄道運転士の不安全行動を誘発する心理学的要因　心理学研究, 77, 132–140.

023-3. リーズン, J.（塩見弘監訳／高野研一・佐相邦英訳）（1999）. 組織事故──起こるべくして起こる事故からの脱出　日科技連出版社

023-4. 高城美穂・福井宏和・松井裕子（2011）. 職場のルール形骸化に影響を及ぼす要因の検討　*Journal of the Institute of Nuclear Safety System*, 18, 2–13.

023-5. 弘津祐子・武田大介（2010）. ヒューマンファクター事例分析に基づくルール逸脱実態把握法の検討　電力中央研究所報告, Y09017.

024-1. 芳賀繁（2000）．失敗のメカニズム──忘れ物から巨大事故まで　日本出版サービス

024-2. ノーマン, D. A.（岡本明・安村通晃・伊賀総一郎・野島久雄訳）（2015）．誰のためのデザイン？──認知科学者のデザイン原論［増補・改訂版］　新曜社

024-3. 芳賀繁（2004）．ヒューマンエラーのメカニズム　大山正・丸山康則編　ヒューマンエラーの科学──なぜ起こるか，どう防ぐか，医療・交通・産業事故　麗澤大学出版会

024-4. 前掲，ノーマン（2015）参照。

025-1. Hollnagel, E., Pariès, J., Woods, D. D., & Wreathall, J.（編著）（北村正晴・小松原明哲監訳）（2014）．実践レジリエンスエンジニアリング──社会・技術システムおよび重安全システムへの実装の手引き　日科技連出版社

025-2. 芳賀繁（2019）．Safety-I からSafety-II へ──安全マネジメントのパラダイムシフト『安全と健康』20, 18-23.

025-3. ホルナゲル, H.（北村正晴・小松原明哲監訳／狩川大輔・菅野太郎・高橋信・鳥居塚崇・中西美和・松井裕子訳）（2015）．Safety-I & Safety-II──安全マネジメントの過去と未来　海文堂

025-4. 小松原明哲（2017）．Safety-I と Safety-II──安全におけるヒューマンファクターズの理論構造と方法論　安全工学, 56, 230-237.

025-5. 前掲，Hollnagel et al.（2014）参照。

III　ワークマネジメント②

026-1. Dörner, D.（1996）. *The logic of failure: Recognizing and avoiding error in complex situations*. Metropolitan Books, Henry Holt and Company.（近藤駿介監訳　1999　人はなぜ失敗するのか　ミオシン出版）

026-2. Manktelow, K.（2012）. *Thinking and reasoning: An introduction to the psychology of reason, judgment and decision making*. Psychology Press.（服部雅史・山祐嗣監訳　2015　思考と推論──理性・判断・意志決定の心理　北大路書房）

026-3. 前掲，Dörner（1996）参照。

027-1. Sutherland, S.（1992）. *Irrationality*. Constable and Company（伊藤和子・杉浦茂樹訳　2013　不合理──誰もがまぬがれない思考の罠100　CCCメディアハウス）

027-2. Tversky, A., & Kahneman, D.（1973）. Availability: A heuristic for judging frequency and probability. *Cognitive Psychology*, 5, 207-232.

027-3. 警察庁（2022）．令和3年中の交通事故の発生状況（e-Stat内）

028-1. 深沢伸幸（2005）．リスク・パーセプションと人間行動　高文堂出版社

028-2. Slovic, P. (1987). Perception of Risk, *Science*, 236, 280-285.

028-3. 文部科学省　リスクコミュニケーション案内　https://www.mext.go.jp/a_menu/suishin/detail/1397354.htm

028-4. 経済産業省　リスクコミュニケーションを実施するにはどうすればいいの？ https://www.meti.go.jp/policy/chemical_management/law/risk-com/r_how.html

028-5. 前掲，Slovic（1987）参照。

029-1. Mather, M., & Lighthall, N. R. (2012). Both risk and reward are processed differently in decisions made Under stress. *Current Directions in Psychological Science*, 21, 36-41.

029-2. 大平英樹（2013）．慢性ストレスと意思決定　ストレス科学研究，28, 8-15.

029-3. 山川香織・大平英樹（2018）．ストレス下における不合理な意思決定──認知機能の側面から　生理心理学と精神心理学，36, 40-52.

029-4. 関口敦・菅原彩子・勝沼るり・寺澤悠理（2022）.「脳」と「身体」と「行動変容」　心身医学，62, 225-229.

029-5. Sugawara, A., Terasawa, Y., Katsunuma, R., & Sekiguchi, A. (2020). Effects of interoceptive training on decision making, anxiety, and somatic symptoms. *Biopsychosocial Medicine*, 14, 1-8.

029-6. 前掲，関口ほか（2022）参照。

030-1. 道田泰司（2003）．批判的思考概念の多様性と根底イメージ　心理学評論，46, 617-639.

030-2. 同上。

030-3. 楠見孝（2018）．批判的思考への認知科学からのアプローチ　認知科学，25, 461-474.

030-4. Snyder, L. G., & Snyder, M. J. (2008). Teaching critical thinking and problem solving skills. *The Delta Pi Epsilon Journal*, 50, 90-99.

030-5. Browne, M. N., & Keeley, S. M. (2007). *Asking the right questions: A guide to critical thinking*. Pearson Education.

031-1. 藤田政博（2021）．バイアスとは何か　筑摩書房

031-2. Wason, P. C. (1968). Reasoning about a rule. *Quarterly Journal of Experimental Psychology*, 20, 273-281.

031-3. 同上。

032-1. Wasserman, E. A., Dorner, W. W., & Kao, S. F. (1990). Contributions of specific cell information to judgments of interevent contingency. *Journal of*

Experimental Psychology: Learning, Memory, and Cognition, 16, 509-521.

033-1. Simon, H. A. (1975). The functional equivalence of problem solving skills. *Cognitive Psychology*, 7, 268-288.

033-2. 中池竜一・三輪和久（2002）．ハノイの塔を用いた協調的目標設定にプロセスの研究　認知科学，9, 285-301.

Ⅳ　パフォーマンス

034-1. Camp, R. C. (1989). *Benchmarking: The search for industry best practices that lead to superior performance*. ASQC Quality Press.

034-2. 高梨智弘（2006）．ベンチマーキング入門──ベストプラクティスの追求とナレッジマネジメントの実現　生産性出版

035-1. 古山滋人（2021）．データのとり方まとめ方　今野勤・古山滋人・山来寧志・芦高勇気　品質管理に役立つ統計的手法入門　日科技連出版社

035-2. 今里健一郎・高木美作恵（2007）．改善を見える化する技術──改善4ステップと改善の全社展開推進事例　日科技連出版社

036-1. ドラッカー，P. F.（上田惇生編訳）（2015）．イノベーションと企業家精神［エッセンシャル版］　ダイヤモンド社

036-2. 神田昌典監修／学修デザイナー協会編著（2023）．探求の達人──子どもが夢中になって学ぶ！「探究心」の育て方　実業之日本社

036-3. 神田昌典（2014）．ストーリー思考──「フューチャーマッピング」で隠れた才能が目覚める　ダイヤモンド社

036-4. Hershfield, H. (2023). *Your future self: How to make tomorrow better today*. Piatkus Books.

036-5. アルマ・クリエイション株式会社　ジーニアスコード　https://www.almacreations.jp/genius-code/

036-6. シャーマー，C. O.（中土井僚・由佐美加子訳）（2017）．U理論──過去や偏見にとらわれず，本当に必要な「変化」を生み出す技術［第2版］　英治出版

036-7. 同上。

037-1. Groysberg, B., & Lee, L.-E., (2009). Hiring stars and their colleagues: Exploration and exploitation in professional service firms. *Organization Science*, 20, 740-758.

037-2. Li, Y., Li, N., Li C., & Li, J. (2020). The boon and bane of creative "stars": A social network exploration of how and when team creativity is (and is not) driven by a star teammate. *Academy of Management Journal*, 63, 613-635.

037-3. 石川淳（2016）．シェアド・リーダーシップ――チーム全員の影響力が職場を強くする　中央経済社

038-1. Lam, S. S. K., & Schaubroeck, J. (2000). Improving group decisions by better pooling information: A comparative advantage of group decision support systems. *Journal of Applied Psychology*, 85, 565–573.

038-2. Stasser, G., & Titus, W. (1985). Pooling of unshared information in group decision making: Biased information sampling during discussion. *Journal of Personality and Social Psychology*, 48, 1467–1478.

038-3. Stasser, G., & Stewart, D. (1992). Discovery of hidden profiles by decision-making groups: Solving a problem versus making a judgement. *Journal of Personality and Social Psychology*, 63, 426–434.

039-1. Wang, L., Law, K. S., Zhang, M. J., Li, Y. N., & Liang, Y. (2019). It's mine! psychological ownership of one's job explains positive and negative workplace outcomes of job engagement. *Journal of Applied Psychology*, 104, 229–246.

039-2. 鈴木竜太（2013）．関わりあう職場のマネジメント　有斐閣

040-1. Grant, A. M. (2008). The significance of task significance: Job performance effects, relational mechanisms, and boundary conditions. *Journal of Applied Psychology*, 93, 108–124.

040-2. 堀洋元・鎌田晶子・岡本浩一（2005）．主観的な職業威信とPro-social行動――消防官をサンプルに用いた検討　社会技術研究論文集, 13, 118–127.

040-3. Grant, A. M. (2007). Relational job design and the motivation to make a prosocial difference. *Academy of Management Review*, 32, 393–417.

040-4. Grant, A. M. (2011). How customers can rally your troops: End users can energize your workforce far better than your managers can. *Harvard Business Review*, June, 97–103.

041-1. Buckingham, M., & Goodall, A. (2019). *Nine lies about work: A freethinking leader's guide to the real world*. One Thing Productions.（櫻井祐子訳　2020　NINE LIES ABOUT WORKS――仕事に関する9つの嘘　サンマーク出版）

041-2. Hackman, J. R., & Oldham, G. R. (1976). Motivation through the design of work: Test of a theory. *Organizational Behavior and Human Performance*, 16, 250–279.

041-3. 日本能率協会マネジメントセンター　イマドキ新入社員の仕事に対する意識とは――若手意識調査2021 Vol.1 `https://www.jmam.co.jp/hrm/column/0062-imadoki2021.html`

042-1. 神宮英夫（1993）．スキルの認知心理学――行動のプログラムを考える　川島書店

042-2. Schneider, W. & Shiffrin, R. M. (1977). Controlled and automatic human information processing: I. detection, search, and attention. *Psychological Review*, 84, 1-66.

042-3. Baumeister, R. F. (1984). Choking under pressure: Self-consciousness and paradoxical effects of incentives on skillful performance. *Journal of Personality and Social Psychology*, 46, 610-620.

042-4. Snyder, K. M., Ashitaka, Y., Shimada, H., Ulrich, J. E., & Logan, G. D. (2014). What skilled typists don't know about the QWERTY keyboard. *Attention, Perception, & Psychophysics*, 76, 162-171.

042-5. Logan, G. D., & Crump, M. J. C. (2010). Cognitive illusions of authoship reveal hierarchical error detection in skiled typists. *Science*, 330, 683-686.

043-1. March, J. G., & Olsen, J. P. (1976). *Ambiguity and choice in organizations*. Universitetsforlaget.

043-2. Ancona, D. G., & Caldwell, D. F. (1992). Bridging the boundary: External activity and performance in organizational teams. *Administrative Science Quarterly*, 37, 634-665.

044-1. トーマス, M.（北村正晴・小松原明哲監訳／中西美和・前田佳孝訳）（2021）．ノンテクニカルスキルの訓練と評価――実践的指針　海文堂

044-2. Flin, R., Martion, L., Goeters, K., Hoermann, J., Amalberti, R., Valot, C., & Nijhuis, H. (2003). Development of the NOTECHS (non-technical skills) system for assessing pilots' CRM skills. *Human Factors and Aerospace Safety*, 3, 95-117.

044-3. 楠見孝（2014）．ホワイトカラーの熟達化を支える実践知の獲得　組織科学, 48, 6-15.

044-4. 前掲，トーマス（2021）参照。

044-5. 前掲，Flin et al.（2003）参照。

044-6. 前掲，トーマス（2021）参照。

045-1. 伊東昌子（2004）．筆記説明が構成的学習に与える影響　風間書房

046-1. Rawson, K. A., & Kintsch, W. (2005). Rereading effects depend on time of test. *Journal of Educational Psychology*, 97, 70-80.

046-2. 水野りか（2003）．学習効果の認知心理学　ナカニシヤ出版

046-3. 前掲，Rawson & Kintsch（2005）参照。

047-1. Snyder, B. R. (1971). *The hidden curriculum*. Knopf.

047-2. Kolb, D. A. (1984). *Experiential learning: Experience as the source of learning and development*. Prentice Hall.

047-3. Ashforth, B. E., Sluss, D. M., & Saks, A. M. (2007). Socialization tactics, proactive behavior, and newcomer learning: Integrating socialization models. *Journal of Vocational Behavior*, 70, 447-462.

V　マーケティング

048-1. 人間中心設計推進機構 (2020). HCD (Human Centered Design) の考え方と基礎知識体系報告書　人間中心設計推進機構

048-2. 郷健太郎 (2022). 人間中心設計イントロダクション　近代科学社

048-3. 特定非営利活動法人 人間中心設計推進機構 (HCD-Net) https://www.hcdnet.org/

048-4. 一般社団法人 人間中心社会共創機構 (HCS-CC) https://hcs-cc.org/

049-1. Simonson, I., & Tversky, A. (1992). Choice in context: Tradeoff contrast and extremeness aversion. *Journal of Marketing Research*, 29, 281-295.

049-2. Simonson, I. (1989). Choice based on reasons: The case of attraction and compromise effects. *Journal of Consumer Research*, 16, 158-174.

050-1. Fredrickson, B. L., & Kahneman, D. (1993). Duration neglect in retrospective evaluations of affective episodes. *Journal of Personality and Social Psychology*, 65, 45-55.

050-2. Redelmeier, D. A., & Kahneman, D. (1996). Patients' memories of painful medical treatments: Real-time and retrospective evaluations of two minimally invasive procedures. *Pain*, 66, 3-8.

050-3. 前掲, Fredrickson & Kahneman (1993) 参照。

051-1. Caldwell, C. and Hibbert, S. A. (2002). The influence of music tempo and musical preference on restaurant patron's behavior. *Psychology & Marketing*, 19, 895-917.

051-2. Knoferle, K. M., Spangenberg, E. R., Herrmann, A., & Landwehr, J. R. (2011). It is all in the mix: The interactive effect of music tempo and mode on in-store sales. *Marketing Letters*, 23, 325-337.

051-3. Mehrabian, A., & Russel J. A. (1974). *An approach to environmental psychology*. MIT Press.

051-4. Russel, J. A., & Pratt, G. (1980). A description of the affective quality attributed to environments. *Journal of Personality and Social Psychology*, 38, 311-322.

052-1. 大西茂・神山進（2008）.「心理的財布」を指標にした消費者の価値変遷　広告科学, 49, 62-81.

052-2. 小嶋外弘（1986）. 価格の心理——消費者は何を購入決定の"モノサシ"にするのか　ダイヤモンド社

053-1. 榎本博明（2014）. 仕事でつかえる心理学　日本経済新聞出版社

053-2. Burger, J. M. (1986). Increasing compliance by improving the deal: The that's-not-all technique. *Journal of Personality and Social Psychology*, 51, 277-283.

054-1. Janis, I. L., & Feshbach, S. (1953). Effects of fear-arousing communications. *Journal of Abnormal and Social Psychology*, 48, 78-92.

054-2. 白井泰子（1987）. おどかすことは逆効果　斎藤勇編　対人社会心理学重要研究集3——対人コミュニケーションの心理　誠信書房

055-1. 古谷治子（2014）.「仕事の基本」が身につく本　かんき出版

Ⅵ　コミュニケーション

056-1. ジョンソン－レアード, P. N.（海保博之監修／AIUEO訳）（1988）. メンタルモデル——言語・推論・意識の認知科学　産業図書

056-2. ラスムッセン, J.（海保博之・加藤隆・赤井真喜・田辺文也訳）（1990）. インタフェースの認知工学——人と機械の知的かかわりの科学　啓学出版

056-3. 伊東昌子・渡辺めぐみ（2020）. 職場学習の心理学——知識の獲得から役割の開拓へ　勁草書房

057-1. Ross, L., Greene, D., & House, P. (1977). The "false consensus effect": An egocentric bias in social perception and attribution processes. *Journal of Experimental Social Psychology*, 13, 279-301.

058-1. Cohen, M. D., March, J. G., & Olsen, J. P. (1972). A garbage can model of organizational choice. *Administrative Science Quarterly*, 17, 1-25.

058-2. 稲水伸行（2019）. 組織の意思決定　安藤史江・稲水伸行・西脇暢子・山岡徹　経営組織（ベーシックプラス）　中央経済社

058-3. 稲水伸行（2010）. 未分化な組織構造と問題解決・意思決定——ゴミ箱モデルのシミュレーション分析　組織科学, 43, 72-85.

058-4. 高橋伸夫（1992）. 日本企業におけるやり過ごし　組織科学, 26, 21-32.

059-1. Nelson, T. O., & Narens, L. (1994). Why investigate metacognition? In J. Metcalfe & A. P. Shimamura (Eds.) *Metacognition: Knowing about Knowing*. MIT Press.

059-2. 三宮真智子編著（2008）. メタ認知——学習力を支える高次認知機能　北大路

書房

060-1. Daft, R. L., & Lengel, R. H. (1986). Organizational information requirements, media richness and structural design. *Management Science*, 32, 554-571.

060-2. Wilson, J. M., Straus, S. G., & McEvily, B. (2006). All in due time: The development of trust in computer-mediated and face-to-face teams. *Organizational Behavior and Human Decision Processes*, 99, 16-33.

061-1. Becker, F. D., Gield, B., & Froggatt, C. C. (1983). Seating position and impression formation in an office setting. *Journal of Environmental Psychology*, 3, 253-261.

062-1. Larson, J. R. Jr. (1989). The dynamic interplay between employees' feedback-seeking strategies and supervisors' delivery of performance feedback. *Academy of Management Review*, 14, 408-422.

062-2. Chen, Z., Lam, W., & Zhong, J. A. (2007). Leader-member exchange and member performance: A new look at individual-level negative feedback-seeking behavior and team-level empowerment climate. *Journal of Applied Psychology*, 92, 202-212.

062-3. Leung, K., Su, S., & Morris, M. W. (2001). When is criticism not constructive? The roles of fairness perceptions and dispositional attributions in employee acceptance of critical supervisory feedback. *Human Relations*, 54, 1155-1187.

063-1. Weick, K. E. (1984). Small wins: Redefining the scale of social problems. *American Psychologist*, 39, 40-49.

063-2. Reay, T., Golden-Biddle, K., & Germann, K. (2006). Legitimizing a new role: Small wins and microprocesses of change. *Academy of Management Journal*, 49, 977-998.

063-3. Amabile, T. M., & Kramer, S. J. (2011). The power of small wins: Want to truly engage your workers? Help them see their own progress. *Harvard Business Review*, May, 1-12.

064-1. Sherif, M., Harvey, O. J., White, B. J., Hood, W. R., & Sherif, C. W. (1961). *Intergroup conflict and cooperation: The robbers cave experiment*. Institute of Group Relations, The University of Oklahoma.

064-2. Vince, R. (2001). Power and emotion in organizational learning. *Human Relations*, 54, 1325-1351.

064-3. 本間道子（2011）．集団行動の心理学──ダイナミックな社会関係のなかで

サイエンス社.

Ⅶ　メンタルヘルスケア

065-1. Lazarus, R. S., & Cohen, J. B. (1977). Environmental Stress. In I. Altman, & J. F. Wohlwill (Eds.), *Human Behavior and Environment*. Springer.

065-2. Kanner, A. D., Coyne, J. C., Schaefer, C., & Lazarus, R. S. (1981). Comparison of two modes of stress measurement: Daily hassles and uplifts versus major life events. *Journal of Behavioral Medicine*, 4, 1–39.

066-1. 厚生労働省保健局 (2017). データヘルス・健康経営を推進するためのコラボヘルスガイドライン

067-1. コープランド, M. E. (久野恵理訳) (2009). 元気回復行動プランWRAP　道具箱

067-2. 厚生労働省 働き方・休み方改善ポータルサイト　勤務間インターバル制度とは https://work-holiday.mhlw.go.jp/interval/

067-3. 池田大樹 (2020). 労働者の睡眠問題と勤務間インターバル　安衛研ニュース, 141. https://www.jniosh.johas.go.jp/publication/mail_mag/2020/141-column-1.html

068-1. こころネット　DACS 抑うつや不安を引き起こす自動思考を測定　http://www.kokoronet.ne.jp/fukui/dacs/index.html

068-2. こころネット　JIBT-R　不合理な信念の中核的な要素を測定　http://www.kokoronet.ne.jp/fukui/jibtr/index.html

068-3. 伊東絵美 (2011). ケアする人も楽になる　認知行動療法入門BOOK1　医学書院

068-4. 伊藤絵美 (2022). 世界一隅々まで書いた認知行動療法・認知再構成法の本　遠見書房

068-5. 福井至・貝谷久宣監修 (2022). こころに寄り添う　支援のための認知行動療法　ナツメ社

069-1. Geurts, S. A. E., & Sonnentag, S. (2006). Recovery as an explanatory mechanism in the relation between acute stress reactions and chronic health impairment. *Scandinavian Journal of Work, Environmental & Health*, 32, 482–492.

069-2. 島津明人 (2022). 新版 ワーク・エンゲイジメント——ポジティブ・メンタルヘルスで活力ある毎日を　労働調査会

069-3. Westman, M., & Eden, D. (1997). Effects of respite from work on burnout: Vacation relief and fade-out. *Journal of Applied Psychology*, 82, 516–527.

069-4. 日本語版バーンアウト・アセスメント尺度（BAT-J）Japanese Version of Burnout Assessment Tool, the BAT-J https//hp3.jp/tool/bat-j

069-5. Fritz, C., & Sonnentag, S. (2005). Recovery, health, and job performance: Effects of weekend experiences. *Journal of Occupational Health Psychology*, 10, 187-199.

069-6. 前掲，島津（2022）参照。

069-7. 前掲，島津（2022）参照。

070-1. 浅井咲子（2017）.「今ここ」神経系エクササイズ──「はるちゃんのおにぎり」を読むと，他人の批判が気にならならなくなる。 梨の木舎

070-2. 津田真人（2022）. ポリヴェーガル理論への誘い 星和書店

070-3. Ogden, P., & Minton, K. (2000). Sensorimotor psychotherapy: One method for processing traumatic memory. *Traumatology*, 6, 149-173.

070-4. エドモンドソン，A. C.（野津智子訳）（2021）. 恐れのない組織──「心理的安全性」が学習・イノベーション・成長をもたらす 英治出版

071-1. ポールセン，S.（大河原美以・白川美也子監訳）（2018）. 言葉がない時，沈黙の語りに耳を澄ます スペクトラム出版社

071-2. 浅井咲子（2017）.「今ここ」神経系エクササイズ──「はるちゃんのおにぎり」を読むと，他人の批判が気にならならなくなる。 梨の木舎

072-1. 厚生労働省（2022）. ストレスチェック制度の効果的な実施と活用に向けて

072-2. 川上憲人（2018）. ストレスチェック制度による労働者のメンタルヘルス不調の予防と職場環境改善効果に関する研究 厚生労働科学研究成果データベース, 201722004A

073-1. 水島広子（2008）.「うつ」が楽になるノート──みんなの対人関係療法 PHP研究所

073-2. 平木典子（2007）. 図解 自分の気持ちをきちんと〈伝える〉技術──人間関係がラクになる自己カウンセリングのすすめ PHP研究所

073-3. 厚生労働省（2021）. 令和3年版 過労死等防止対策白書

074-1. 厚生労働省 令和3年 労働安全衛生調査（実態調査）

074-2. 渡辺めぐみ・箱田裕司・松本亜紀（2013）. 新ストループ検査は注意機能の臨床評価ツールとなりうるか？ 九州大学心理学研究, 14, 1-8.

074-3. 渡辺めぐみ（2022）. 不安の強いクライエントの注意の切り替え機能の困難──切り替え版新ストループ検査結果の事例報告 常磐大学心理臨床センター紀要, 16, 17-28.

074-4. 渡辺昌祐・光信克甫（1997）. プライマリケアのためのうつ病診断Q＆A 金剛出版

075-1. 伊東昌子・渡辺めぐみ（2023）．発達障害者の継続的就労とキャリア形成──個の組織社会化から組織のインクルージョン戦略へ　成城大学経済研究所

075-2. 国立がん研究センター　がん統計　がん情報サービス　全国がん罹患データ（2016年～2019年）

075-3. 岩崎明夫（2022）．治療と仕事の両立支援とその対策　産業保健，21, 14-17.

075-4. 前掲，国立がん研究センター　がん統計　がん情報サービス参照。

075-5. 前掲，国立がん研究センター　がん統計　がん情報サービス参照。

075-6. 厚生労働省（2023）．事業場における治療と仕事の両立支援のためのガイドライン 令和5年3月版

076-1. 星野仁彦（2017）．会社の中の発達障害──いつも嫌なことを言う上司，いつも迷惑をかける部下　集英社

076-2. 厚生労働省（2008）．発達障害の理解のために

Ⅷ　モチベーション

077-1. Maslow, A. H. (1943). A theory of human motivation. *Psychological Review*, 50, 370-396.

077-2. Maslow, A. H. (1954). *Motivation and personality*. Harper & Row.

077-3. マズロー，A. H.（小口忠彦訳）（1971）．人間性の心理学──モチベーションとパーソナリティ　産業能率短期大学出版部

077-4. Tay, L., & Diener, E. (2011). Needs and subjective well-being around the world. *Journal of Personality and Social Psychology*, 101, 354-365.

078-1. Deci, E. L., & Ryan, R. M. (1985). *Intrinsic motivation and self-determination in human behavior*. Springer.

078-2. Murayama, K., Matsumoto, M., Izuma, K., Sugiura, A., Ryan, R. M., Deci, E. L., & Matsumoto, K. (2015). How self-determined choice facilitates performance: A key role of the ventromedial prefrontal cortex. *Cerebral Cortex*, 25, 1241-1251.

079-1. 坂爪洋美（1997）．職場のストレスマネジメントに関する考察 Job Demand-Control モデルの検討　経営行動科学，11, 1-12.

079-2. Karasek, R., & Theorell, T. (1990). *Healthy work: Stress, productivity, and the reconstruction of working life*. Basic Books.

079-3. セリグマン，M. E. P.（平井久・木村駿訳）（1985）．うつ病の行動学──学習性絶望感とは何か　誠信書房

080-1. 島津明人（2022）．新版 ワーク・エンゲイジメント──ポジティブ・メンタルヘルスで活力ある毎日を　労働調査会

080-2. 同上。

080-3. シャウフェリ，W. B. = ダイクストラ，P.（島津明人・佐藤美奈子訳）（2012）．ワーク・エンゲイジメント入門　星和書店

080-4. 前掲，島津（2022）参照。

081-1. Greenberg, J. (1988). Cultivating an image of justice: Looking fair on the job. *Academy of Management Executive*, 2, 155–158.

081-2. Bies, R. J., & Shapiro, D. L. (1987). Interactional fairness judgements: The influence of causal accounts. *Social Justice Research*, 1, 199–218.

081-3. Greenberg, J. (1991). Using explanations to manage impressions of performance appraisal fairness. *Employee Responsibilities and Rights Journal*, 4, 51–60.

082-1. Berg, J. M. (2016). Balancing on the creative highwire: Forecasting the success of novel ideas in organizations. *Administrative Science Quarterly*, 61, 433–468.

082-2. Lu, S., Bartol, K. M., Venkataramani, V., Zheng, X., & Liu, X. (2019). Pitching novel ideas to the boss: The interactive effects of employees' idea enactment and influence tactics on creativity assessment and implementation. *Academy of Management Journal*, 62, 579–606.

083-1. Simon, H. A. (1997). *Administrative behavior: A study of decision-making processes in administrative organizations* (4th ed.). Free Press.（二村敏子・桑田耕太郎・高尾義明・西脇暢子・高柳美香訳　2009　経営行動——経営組織における意思決定過程の研究［新版］　ダイヤモンド社）

083-2. Barnard, C. I. (1938). *The functions of the executive*. Harvard University Press.（山本安次郎・田杉競・飯野春樹訳　1968　経営者の役割［新訳］　ダイヤモンド社）

083-3. 西脇暢子（2019）．組織の基礎理論　安藤史江・稲水伸行・西脇暢子・山岡徹　経営組織（ベーシックプラス）　中央経済社

083-4. 安藤史江（2008）．　コア・テキスト 人的資源管理　新世社

083-5. 安藤史江（2001）．　組織学習と組織内地図　白桃書房

084-1. Helzer, E. G., & Dunnig, D. (2012). Why and when peer prediction is superior to self-prediction: The weight given to future aspiration versus past achievement. *Journal of Personality and Social Psychology*, 103, 38–53.

084-2. Lawler, E. E. III (1981). *Pay and organization development*. Addison-Wesley.（田中政光訳　2004　検証 成果主義　白桃書房）

084-3. Kruger, J., & Dunning, D. (1999). Unskilled and unaware of it: How difficulties in recognizing one's own incompetence lead to inflated self-assessments. *Journal of Personality and Social Psychology*, 77, 1121–1134.

085-1. 武石恵美子（2019）.「適材適所」を考える──従業員の自律性を高める異動管理　生涯学習とキャリアデザイン, 17, 3-19.

085-2. 東山紘久（2000）. プロカウンセラーの聞く技術　創元社

085-3. 前掲, 武石（2019）参照。

085-4. ハリス, R.（武藤崇監訳／武藤崇・岩渕デボラ・本多篤・寺田久美子・川島寛子訳）（2012）. よくわかるACT（アクセプタンス＆コミットメント・セラピー）──明日から使えるACT入門　星和書店

086-1. Dreyfus, S. E. (1983). How expert managers tend to let the gut lead the brain. *Management Review*, 72, 56–61.

086-2. 同上。

086-3. リクルートワークス研究所（2014）. ワーキングパーソン調査2014 基本報告書

087-1. Cristea, I. C., & Leonardi, P. M. (2019). Get noticed and die trying: Signals, sacrifice and the production of face time in distributed work. *Organization Science*, 30, 552–572.

087-2. Elsbach, K. D., Cable, D. M., & Sherman, J. W. (2010). How passive 'face time' affects perseptions of employees: Evidence of spontaneous trait inference. *Human Relations*, 63, 735–760.

087-3. Munck, B. (2001). Changing a culture of face time. *Harvard Business Review*, 79, 125–131.

088-1. 島津明人（2009）. 職場のポジティブ心理学──ワークエンゲイジメントの視点から　産業ストレス研究, 16, 131-138.

088-2. 同上。

088-3. Shimazu, A., & Schaufeli, W. B. (2009). Is workaholism good or bad for employee well-being? The distinctiveness of workaholism and work engagement among Japanese employees. *Industrial Health*, 47, 495–502.

IX　ダイバーシティ

089-1. 鶴光太郎（2016）. 人財覚醒経済　日本経済新聞出版社

089-2. 服部泰宏（2018）. 多様化する働き方と心理的契約のマネジメント　一橋ビジネスレビュー, 66, 8-28.

090-1. Barnlund, D. C. (1975). *Public and private self in Japan and the United States: Communicative styles of two cultures.* Simul Press.（西山千・佐野雅子訳　1979　日本人の表現構造──公的自己と私的自己・アメリカ人との比較　サイマル出版会）

091-1. 石原金由・宮下彰夫・犬上牧・福田一彦・山崎勝男・宮田洋（1986）. 日本語版朝型－夜型（Morningness-Eveningness）質問紙による調査結果　心理学研究, 57, 87-91.

091-2. 同上。

091-3. 佐々木司・松元俊・松田文子・酒井一博（2014）. リスクコミュニケーションツールとしてのシフトワーク・チャレンジの試み　労働科学, 90, 65-70.

091-4. 前掲，石原ほか（1986）参照。

091-5. 厚生労働省保健局（2014）. 健康づくりのための睡眠指針2014

091-6. 羽澄恵（2021）. 睡眠日誌について　国立精神・神経医療研究センター 眠りと目覚めのコラム　https://www.ncnp.go.jp/hospital/sleep-column9.html

092-1. 小林祐児（2018）.「ダイバーシティ」に抵抗するのは誰か──社会的地位と不寛容さの関係を探る　パーソル総合研究所 研究員コラム　https://rc.persol-group.co.jp/thinktank/column/201812130002.html

092-2. 安藤史江（2020）. ダイバーシティ時代における職場成長の牽引要件　日本経営学会誌, 44, 41-51.

093-1. スックチャ, P.（2021）. アンコンシャス・バイアス─無意識の偏見─とは何か　ICE

094-1. 産業能率大学総合研究所（2016）.【事例紹介】次の時代のために今やらなければいけない。イオン株式会社におけるダイバーシティの取り組み　https://www.hj.sanno.ac.jp/cp/feature/201611/17-01.html

094-2. 牛尾奈緒美・田邉泰子（2015）. カギは「思い込み」の解消と2つの施策──優秀な女性のやる気を維持しロールモデルを増やしていくには　人材教育, 27, 32-35.

095-1. 中央労働災害防止協会（2010）. 高年齢労働者の身体的特性の変化による災害リスク低減推進事業に係る調査研究報告書

095-2. 厚生労働省・都道府県労働局　労働基準監督署　高年齢労働者に配慮した職場改善マニュアル──チェックリストと職場改善事項

095-3. 前掲，中央労働災害防止協会（2010）参照。

095-4. 前掲，厚生労働省・都道府県労働局　労働基準監督署参照。

096-1. 識学総研編集部（2022）.【"働かないおじさん"に関する調査】約半数の企業に

働かないおじさんの存在を確認!?　https://souken.shikigaku.jp/23909/

096-2. 安藤史江（2005）．第17期調査研究──ホワイトカラー高資格スタッフの働き方II　財団法人中部産業・労働政策研究会

096-3. 安藤史江（2008）．コア・テキスト人的資源管理　新世社

096-4. Hall, D. T. (1976). *Careers in organizations*. Scott Foresman.

096-5. Hall, D. T. (2004). The protean career: A quarter-century journey. *Journal of Vocational Behavior*, 65, 1-13.

096-6. 田中研之輔（2019）．プロティアン──70歳まで第一線で働き続ける最強のキャリア資本術　日経BP社

097-1. Bandura, A. (1977). Self-efficacy: Toward a unifying theory of behavioral change. *Psychological Review*, 84, 191-215.

097-2. Gibson, D. E. (2003). Developing the professional self-concept: Role model construals in early, middle, and late career stages. *Organization Science*, 14, 591-610.

098-1. Murphy, W. M. (2012). Reverse mentoring at work: Fostering cross-generational learning and developing millennial leaders. *Human Resource Management*, 51, 549-574.

098-2. 石原直子（2021）．リスキリング──デジタル時代の人材戦略　Works Review「働く」の論点2021, 44-55.

099-1. Gruenfeld, D. H., Martorana, P. V., & Fan, E. T. (2000). What do groups learn from their worldliest members? Direct and indirect influence in dynamic teams. *Organizational Behavior and Human Decision Processes*, 82, 45-59.

099-2. Song, J., Almeida, P., & Wu, G. (2003). Learning-by-hiring: When is mobility more likely to facilitate interfirm knowledge transfer? *Management Science*, 49, 351-365.

099-3. Kane, A. A., Argote, L., & Levine J. M. (2005). Knowledge transfer between groups via personnel rotation: Effects of social identity and knowledge quality. *Organizational Behavior and Human Decision Processes*, 96, 56-71.

100-1. Bozionelos, N., Bozionelos, G., Kostopoulos, K., & Polychroniou, P. (2011). How providing mentoring relates to career success and organizational commitment: A study in the general managerial population. *Career Development International*, 16, 446-468.

100-2. Ghosh, R., & Reio Jr. T. G. (2013). Career benefits associated with mentoring for mentors: A meta-analysis. *Journal of Vocational Behavior*, 83, 106–116.

100-3. Kram, K. E.（1988）. *Mentoring at work: Developmental relationships in organizational life*. Scott Foresman.（渡辺直登・伊藤知子訳　2003　メンタリング──会社の中の発達支援関係　白桃書房）

索　引

240

索引

著者紹介

芦高 勇気（あしたか・ゆうき）

西日本旅客鉄道株式会社 鉄道本部 安全研究所

担当：**012, 014-019, 022-028, 030-033, 035, 042, 044, 046, 078, 091, 095**

主著：『認知コントロール──認知心理学の基礎研究から教育・臨床の応用を
めざして』（共著，培風館，2012年），『品質管理に役立つ統計的手法入門』
（共著，日科技連出版社，2021年），『有斐閣 現代心理学辞典』（分担執筆，
有斐閣，2021年）ほか。

安藤 史江（あんどう・ふみえ）

南山大学経営学部教授

担当：**005, 006, 009-011, 037-039, 041, 043, 047, 058, 060, 062-064, 082-084,
087, 092, 096-099**

主著：『組織変革のレバレッジ──困難が跳躍に変わるメカニズム』（代表執筆，
白桃書房，2017年），『コア・テキスト 組織学習』（新世社，2019年），『変
わろうとする組織 変わりゆく働く女性たち──学際的アプローチから見据
える共幸の未来』（編著，晃洋書房，2020年）ほか。

伊東 昌子（いとう・まさこ）

成城大学経済研究所客員所員，（一社）人間中心社会共創機構理事長，元 常磐
大学人間科学部教授，人間中心設計専門家，認定心理士，応用心理士

担当：**001-004, 007, 008, 013, 020, 021, 034, 040, 045, 048-054, 057, 059, 061,
081, 086, 089, 090, 093, 094, 100**

主著；『コミュニケーションの認知心理学』（編著，ナカニシヤ出版，2013年），
『21世紀の学びを創る──学習開発学の展開』（分担執筆，北大路書房，
2015年），『職場学習の心理学──知識の獲得から役割の開拓へ』（共著，
勁草書房，2020年）ほか。

渡辺 めぐみ（わたなべ・めぐみ）

常磐大学人間科学部教授，臨床心理士，公認心理師

担当：**029, 036, 055, 056, 065-077, 079, 080, 085, 088**

主著：「周トラウマ期性解離としての全生活史健忘からの回復ケースにみる，
自伝的記憶，自我状態，時間感覚の変容」（2021年，『常磐大学心理臨床セ
ンター紀要』15，3-19），「不安の強いクライエントの注意の切り替え機能
の困難──切り替え版新ストループ検査結果の事例報告」（2022年，『常磐
大学心理臨床センター紀要』16，17-28），「安定化セラピーが自律神経活動
と主観的障害単位に与える影響とその個人差」（2023年，『常磐大学心理臨
床センター紀要』17，1-14）ほか。

職場がうまくいかないときの心理学 100
——チームリーダーにおくるマネジメント・ガイド

Psychological Wisdom for Workplaces:
  Team Management Simply Explained

2023 年 12 月 25 日 初版第 1 刷発行

著　者	芦高勇気・安藤史江・伊東昌子・渡辺めぐみ	
発行者	江草貞治	
発行所	株式会社有斐閣	
	〒101-0051 東京都千代田区神田神保町 2-17	
	https://www.yuhikaku.co.jp/	
装　丁	Siun	
組　版	株式会社明昌堂	
印　刷	萩原印刷株式会社	
製　本	牧製本印刷株式会社	
装丁印刷	株式会社亨有堂印刷所